Mosaik
bei GOLDMANN

Buch

»Ich bin wer, ich kann was, und ich biete Ihnen das, was Sie suchen ...« Das klingt salopp, sagt aber genau das aus, worauf es ankommt. Denn die wichtigste Voraussetzung für eine erfolgreiche Bewerbung ist die richtige Einschätzung der eigenen Fähigkeiten und der Erwartungen des Arbeitgebers. Dieses Buch ist maßgeschneidert für junge Bewerber. Es zeigt, wie neben fachlichen Kenntnissen vor allem »Soft Skills« – wie soziale Kompetenz, Motivation und Persönlichkeit – optimal dargestellt und sachlich, aber dennoch originell formuliert werden. Die praktischen Checklisten, Erfahrungsberichte und ausgefallenen Expertentipps sind dabei eine unabdingbare Hilfe.

Autorin

Sabine Hertwig ist Kommunikationstrainerin und leitet das Berliner Büro [beruf + konzept]. Das Team besteht aus Geisteswissenschaftlern, Psychologen, Betriebswirten sowie Pädagogen und verfügt über langjährige Erfahrung in den Bereichen Bewerbungstraining, Berufsberatung und -training.

Susanne Kliem ist Autorin und Journalistin in Berlin. Seit 2000 ist sie als freie Mitarbeiterin für [beruf + konzept] tätig

Von Sabine Hertwig außerdem bei Mosaik bei Goldmann:

Der Testtrainer (16323)
Bewerbungstipps aus der Chefetage (16337
Die erfolgreiche Bewerbungsmappe (16336)
Aktive Jobsuche (16519)

Sabine Hertwig
Unter Mitarbeit von Susanne Kliem

Die besten Tipps für den Bewerbungsbrief

Mosaik
bei GOLDMANN

Die Ratschläge in diesem Buch sind von der Autorin und dem Verlag sorgfältig erwogen und geprüft, dennoch kann eine Garantie nicht übernommen werden. Eine Haftung der Autorin bzw. des Verlags und seiner Beauftragten für Personen-, Sach- und Vermögensschäden ist ausgeschlossen.

In Zusammenarbeit mit der Zeitschrift
»Brigitte YOUNG MISS«, Hamburg

Umwelthinweis:
Alle bedruckten Materialien dieses Taschenbuches
sind chlorfrei und umweltschonend.

Originalausgabe Februar 2002

Umschlaggestaltung: Design Team München
Umschlagfoto: Jin Park /Anastasia
Illustrationen: Sybille Hein
Redaktion: Sylvia Winnewisser
Druck: GGP Media, Pößneck
Verlagsnummer: 16518
Kö · Herstellung: Max Widmaier
Printed in Germany
ISBN 3-442-16518-0
www.goldmann-verlag.de

1 3 5 7 9 10 8 6 4 2

Inhalt

All about a VIP

... hier gehts um deine Persönlichkeit

„Guten Tag! Ich möchte mich bei Ihnen vorstellen! Ich bin wer, ich kann was und ich weiß, warum Sie jemanden wie mich dringend brauchen!" Schlicht und einfach – das ist es, was dein Bewerbungsbrief ausdrücken sollte! Doch wie gut kennst du dich eigentlich selbst?

Selbsterkenntnis

Egal, welchen Ratgeber zum Stichwort „Bewerbung" du aufschlägst, auf ein Thema wirst du immer und überall stoßen. Es handelt sich um die wichtigste Voraussetzung für eine erfolgreiche Bewerbung: die perfekte Kenntnis der eigenen Fähigkeiten. Anders ausgedrückt: Was hast du zu bieten, was dich für einen potenziellen Arbeitgeber interessant machen könnte?

Du denkst jetzt vielleicht an deinen Schulabschluss, die Lehre, das letzte Praktikum – wir denken an einiges mehr! Auf ein interessantes Stellenangebot können sich schnell mal einige hundert Bewerber melden. Sie alle haben Schulabschluss, Lehre, Studium, Praktika vorzuweisen. Diese „harten Fakten" (oder auch „hard skills") sind also nicht die Faktoren, mit denen du dich aus der Masse abheben kannst. Denn eines ist klar: Es wird immer auch andere geben, die die gleichen oder vielleicht bessere Voraussetzungen aufbieten können.

Was dich von anderen unterscheidet – denn in dieser Hinsicht ist jeder Mensch einzigartig – sind deine Persönlichkeitsmerkmale (auch „soft skills" genannt): deine charakterlichen Eigenschaften, deine Motivation, deine soziale Kompetenz. Das sind die Aspekte, auf die in der heutigen Berufswelt immer mehr Wert gelegt wird. Hier liegt deine Chance, positiv aufzufallen. Vorausgesetzt, du kennst dich und deine besonderen Fähigkeiten.

Werbung in eigener Sache

Wie sieht das tägliche Brot einer Werbeagentur aus? Sie muss glaubhaft auf den Punkt bringen, was an einem bestimmten Produkt das Besondere, das Einzigartige ist. Das ergibt dann die „Werbe-Botschaft", die uns dazu bringen soll, unsere mühsam verdienten Kröten in den Kauf des Produktes zu investieren.

In diesem Fall bist du selbst das Produkt und deine eigene Werbeagentur noch dazu! In deinem Anschreiben muss das Besondere, das Einzigartige, das du zu bieten hast, bereits durchblitzen, sonst wandert es zu den anderen langweiligen Standardbewerbungsbriefen in die Rundablage, auch Papierkorb genannt ... Bevor du also den Computer anstellst und deinen Bewerbungsbrief schreibst, empfehlen wir dir die sorgfältige Beschäftigung mit den vier „**W**-Fragen“:

1. **W**er bin ich?
2. **W**o stehe ich?
3. **W**as will ich erreichen?
4. **W**as habe ich zu bieten?

Wer bin ich?

Die erste W-Frage – „Wer bin ich?“ – zielt genau auf deine „soft skills“ ab. Was ist das Besondere an deiner Persönlichkeit, deinem Charakter, was ist also deine persönliche Kompetenz? Entdeckst du an dir selbst Eigenschaften, die dich über deine fachliche Kompetenz hinaus zu einer wertvollen Mitarbeiterin machen? Schau dir doch einmal die folgenden Anregungen an:

Beispiele positiver Eigenschaften

- *Zuverlässigkeit*
- *Verantwortungsbewusstsein*
- *Leistungsbereitschaft*
- *Kreativität*
- *Humor*
- *Kritikfähigkeit*
- *Begeisterungsfähigkeit*
- *Identifikation mit den Zielen der Firma, in der du arbeiten möchtest*
- *gute Auffassungsgabe*
- *Überzeugungskraft*
- *Flexibilität*
- *Lernbereitschaft*
- *Urteilsfähigkeit*
- *abstraktes und analytisches Denken*

- *ergebnis- und prozessorientiertes Denken*
- *Kompromissfähigkeit*
- *Pragmatismus*
- *Einfühlungsvermögen*
- *Kollegialität*
- *Durchsetzungsvermögen*
- *Konfliktfähigkeit*

Na, wetten wir, dass davon einiges auch auf dich zutrifft? Und das sind genau die Eigenschaften, die deinen zukünftigen Arbeitgeber interessieren. Doch Achtung, allein mit einer abstrakten Aufzählung deiner „soft skills" ist es nicht getan. Für ein Bewerbungsanschreiben sollten deine persönlichen Qualitäten immer in einem inhaltlichen Zusammenhang stehen. Überleg dir eine konkrete Situation, in der du z. B. Durchsetzungsvermögen gezeigt hast, woran zeigt sich deine Flexibilität? In welcher Lebenslage warst du kreativ oder worin hast du ein gutes Urteilsvermögen bewiesen?

Anhand der folgenden Fragen kannst du dein individuelles Profil erstellen:

Dein persönliches Profil

Was hat dir bisher in der Schule/in der Ausbildung/im Job am meisten Spaß gemacht?

In welcher Situation/bei welcher Tätigkeit hattest du das Gefühl, du bist für etwas Besonderes begabt?

Worauf bist du besonders stolz?

Wofür wurdest du am meisten gelobt?

Warum warst du im Team/bei Kollegen/Kommilitonen beliebt?

Konntest du andere von deinen Argumenten überzeugen?

Bist du ein Mensch, der Kompromisse finden kann?

....

....

Wurdest du öfter um Rat gefragt? Wenn ja, in welchen Bereichen?

....

....

Hast du berufliche Vorbilder oder bist du selbst vielleicht für andere ein Vorbild?

....

....

Hast du besondere Erfolge vorzuweisen und, wenn ja, worauf beruht dieser Erfolg? (menschliche/fachliche Qualitäten)

....

....

Was tust du in deiner Freizeit am liebsten?

....

....

Je konkreter du diese Fragen beantwortest, desto mehr Material für dein „spezielles Angebot“ kannst du sammeln.
Du hast sicher gemerkt, dass sich auch bei deinen persönlichen Erfahrungen die „soft skills“ und „hard skills“ immer vermischt haben. Im Klartext heißt das: Es nützt nichts, nur eine nette, beliebte Kollegin zu sein, wenn man fachlich nichts drauf hat. Und genauso wenig wird einen das reine Wissen sehr weit bringen, wenn man im Team, mit Kollegen oder Vorgesetzten nicht klar kommt.

Um noch einmal auf die Werbewelt zurückzukommen: Von allen Waschmitteln auf dem Markt wird erwartet, dass die Wäsche weiß aus der Maschine kommt. Dennoch weiß die Käuferin im Supermarkt nicht, zu welchem Produkt sie greifen soll.
Deshalb muss eine gute Werbung einem Produkt Individualität verleihen, die besondere Note, die sich einprägt und das Produkt von anderen unterscheidbar macht. Warum glauben Kinder, Kühe seien lila und Strom gelb? Weil es in Werbespots einprägsam suggeriert wird.
Ein unverwechselbares Image kann auch durch einen Sympathieträger geschaffen werden, der bereits selbst ein positives Image verkörpert: Claudia Schiffer posiert zum Beispiel für Citroën, Michael Schumacher für L'Oreal. Und jeder kennt den quirligen Trickfilm-Fuchs, der für eine Waschmittelmarke positive Werte wie Schlauheit, Integrität, Originalität und Schnelligkeit symbolisiert. Dem ahnungslosen Verbraucher wird suggeriert, dass sich diese positiven Werte auf ihn als Käufer übertragen lassen. Die schlaue Art zu werben? Zumindest ein Ansatz, von dem wir lernen können.
Was du persönlich vermittelst – in der gesamten Bewerbungsphase, aber auch schon im Anschreiben – ist ebenfalls ein bestimmtes „Image", sozusagen die Summe deiner menschlichen und fachlichen Kompetenz, verknüpft mit deinem Stil, deinen Hobbys und so weiter ...

Wo stehe ich?

Zu jeder Bewerbungsphase gehört es auch, eine Bilanz über das bisher im Leben Erreichte zu ziehen. Ohne eine realistische Einschätzung, welchen Schritt wir uns als Nächstes vornehmen wollen, stolpern wir blind von Job zu Job.
Dem Personalentscheider, der dein Anschreiben lesen wird, steht quer über der Stirn in großen Lettern ein einziges Wort geschrieben: WARUM? Warum unsere Firma, warum diese Bewerberin ...?
Um ihn zu überzeugen, musst du gute Begründungen liefern. Erste Voraussetzung dafür ist, dass du dir klar darüber bist, wo du jetzt stehst, wie deine Startposition aussieht.

Sieh dir die folgende Liste an und überleg dir, wie sich dein nächster Schritt auf dem Berufsweg definieren lässt:

- ein Neuanfang (Es war immer schon mein Traum, was ganz anderes auszuprobieren!)
- ein Quereinstieg (Ich möchte meine Fähigkeiten auf einem neuen Gebiet einsetzen!)
- ein Umweg (Warum nicht rechts und links vom Weg die spannenden Sachen mitnehmen?)
- beim Alten bleiben (Mein Job entspricht mir perfekt, nur eine andere Firma sollte es mal zur Abwechslung sein)
- ein Wiedereinstieg (Im Leben läuft nicht immer alles nach Plan – aber nach meiner Pause (Urlaub/Weltreise) steige ich nun wieder ein!)

Im Bewerbungsanschreiben muss die Begründung für deinen nächsten Schritt natürlich immer positiv formuliert werden. „Ich plane einen Quereinstieg" heißt dann: „Ich möchte neue Bereiche für mich entdecken, mich weiter entwickeln. Ich bin flexibel und aufgeschlossen ..."

Was will ich erreichen?

Was treibt dich an, diese Bewerbung zu schreiben? Klar, du willst einen bestimmten Job. Wenn du aber nicht mehr über deine Motive herausbekommst als das, wird die Einstiegszeile in deinem Bewerbungsbrief folglich etwa so lauten: „Hiermit bewerbe ich mich auf Ihr Stellenangebot für eine Industriekauffrau, weil ich gerne als Industriekauffrau arbeiten möchte." Gähn ...! Ab damit in den Reißwolf! So kannst du keinen alten Personalfuchs hinter dem Ofen hervorlocken.

Was du also brauchst, um seine „Warums" („Warum wollen Sie gerade bei uns arbeiten?") befriedigend beantworten zu können, sind richtig gute, überzeugende Gründe. Vielleicht könnte man sogar sagen:

Was du brauchst ist eine Vision.

Denke einmal darüber nach und versuche eine Vision von deinem Ziel (dem Traumjob) zu entwickeln: Male dir in allen farbenfrohen Details

aus, wie dein beruflicher (und privater) Alltag sich durch den neuen Job verändern wird.
Was hast du jetzt und was wird dann erreicht sein? Auf dem Weg vom Hier und Jetzt zum Ziel der Zukunft werden ganz bestimmte Veränderungen stattfinden. Was zeichnet die heutige Situation aus, wie wird das „Morgen" sein?
Oder anders formuliert:

≈ Was an deinem Leben willst du verändern?
≈ Welche Wünsche stehen dahinter?

Wir haben dazu eine Liste mit Beispielen für dich zusammengestellt. Überleg dir in Ruhe, welche Punkte auf dich zutreffen könnten. Es kann natürlich noch tausend andere persönliche Gründe geben, von denen wir nichts ahnen ... Nimm sie einfach in deine Liste auf! Schließlich geht es ja um deinen Traumjob ...

Was will ich erreichen?

Ich wünsche mir ...

- *interessante inhaltliche Aufgaben*
- *ein Gebiet, auf dem ich meine Kenntnisse und Fähigkeiten einsetzen kann*
- *einen Job, in dem ich viel reisen kann*
- *einen Job, in dem ich mit vielen Menschen Kontakt habe*
- *einen Job, in dem ich gut verdiene*
- *gute Sozialleistungen*
- *einen Job, in dem ich gefördert werde*
- *gute Karriere- und Aufstiegschancen*
- *weitere berufliche Qualifikationen*
- *einen Job, in dem ich tüfteln und meine eigenen Ideen entwickeln kann*
- *viel kreativen Spielraum*
- *viel Abwechslung*
- *ein klar strukturiertes Aufgabengebiet*
- *konstruktive Teamarbeit*
- *ein gutes Betriebsklima*
- *private Freiräume wie z. B. viel Freizeit*
- *Identifikation mit dem „Image“ eines Unternehmens*

Bestimmt hast du gleich mehrere Motive gefunden, die zu deiner Situation passen. Und damit bist du schon einen großen Schritt weiter! Auch wenn wir an der Formulierung einzelner Punkte vielleicht noch einmal etwas feilen müssen ...

„Ich will richtig viel Geld verdienen und so einen Mercedes S-Klasse als Dienstwagen ...!“ oder „Bis jetzt hab ich in meinen Augen immer versagt – ich will mir selbst beweisen, dass ich auch etwas kann ...!“

Hmm ..., na ja ... Scheint so, als würde sich in den Ohren eines Personalchefs nicht jeder Grund so richtig toll anhören, so ehrlich er auch formuliert sein mag. Deshalb werden wir später, wenn es um den konkreten Inhalt deines Anschreibens geht, noch genauer untersuchen, wie du deine Erkenntnisse positiv „verpacken" kannst, denn – genau wie in der Werbung – kommt auch in der Bewerbung alles, oder sagen wir fast alles, auf die Verpackung an.
Trotzdem: Über den Inhalt der Verpackung musst du dir selbst erst mal im Klaren sein.

Was habe ich zu bieten?

Du kannst es dir schon denken – diese Frage bildet die Schnittmenge aller bisherigen Fragen. Sie ist das „Fazit" aller bisherigen Erkenntnisse – deine persönliche Bilanz.
Geh die einzelnen Punkte im Geiste noch mal durch:

- Was hast du auf der fachlichen Ebene zu bieten? (Ausbildung, berufliche Erfahrung – „hard skills")
- Was sind deine ganz besonderen Fähigkeiten, die dich von anderen unterscheiden? (Persönlichkeitsmerkmale – „soft skills")
- Was ist deine Motivation? (Warum dieser Job? Was wird bzw. könnte dir daran Spaß machen?)

Entwirf nun – sozusagen als Vorübung zum „echten" Bewerbungsbrief – ein kleines Profil, in dem die Antworten auf diese Fragen enthalten sind. Zeig es den Menschen, die dich gut kennen. Das können enge Freunde, Eltern oder ein Lehrer deines Vertrauens sein. Frag sie, ob das Bild, das du von dir entworfen hast, für sie stimmig ist. Ob sie etwas streichen oder hinzufügen würden?
Meist fallen den anderen noch mehr positive Eigenschaften ein, die wir selbst als solche gar nicht mehr wahrnehmen, weil sie uns ganz selbstverständlich vorkommen. Oder vielleicht sind wir einfach zu bescheiden? Bescheidenheit gilt ja als „Zier", aber – wie heißt es so schön? – „Weiter kommt man ohne ihr ...".

Facts and rumours

… Recherche muss sein!

Auf zu neuen Ufern! Du hast ja einiges zu bieten. Finde heraus, wer bereit ist, dich gut dafür zu bezahlen! Je mehr Informationen du über den Arbeitsmarkt, die angestrebte Branche, das spezielle Unternehmen deiner Wahl bekommen kannst, desto besser.

Ja, wo laufen sie denn ...?!

Na, wer sagt's denn. Ein Anfang ist gemacht. Schon hast du dein Profil auf dem Papier stehen. Und übrigens, was du da geschrieben hast, klingt wirklich nicht schlecht! Jetzt noch eine Anrede drüber („Sehr geehrte Firmenchefs ...") und ein Schlusswort drunter („Sicher brennen Sie schon darauf, mich kennen zu lernen ...") und schon geht die Post ab.
Schön wär's! Doch so läuft der Hase nicht. Es genügt nicht, über sich selbst ganz gut Bescheid zu wissen und sozusagen „blind" die eigenen Vorzüge überall anzubieten. Frei nach dem Motto: Irgend einem wird's schon gefallen, einer wird mich schon nehmen – Dornröschen wurde ja schließlich auch vom Richtigen wachgeküsst!
Tja, kann schon sein, aber willst du allen Ernstes hundert Jahre warten?! Vor allem, wo du's doch viel einfacher haben kannst, indem du deine Bewerbung gezielt versendest. Das Einzige, was du dazu brauchst, sind Fakten, Fakten, Fakten.
„Sie suchen – Ich biete." Auch hier läuft es wieder nicht anders als in der Werbung: Je genauer du die Wünsche und Anforderungen deiner Zielgruppe kennst, desto besser kannst du dein Produkt vermarkten.
Und auch nur dann, wenn du dich intensiv mit einem Unternehmen, seiner „Philosophie" und seinen Zielen, beschäftigt hast, bist du in der Lage, das große „WARUM" in den Augen des Personalentscheiders befriedigend zu beantworten: WARUM ausgerechnet unsere Firma?
Such also nicht nur bei dir selbst nach dem „Besonderen", das dich von anderen Bewerbern positiv unterscheidet, sondern nimm unter diesem Gesichtspunkt auch die Gegenseite unter die Lupe. Warum hast du diese bestimmte Firma ausgewählt und nicht eine andere? Was ist für dich das „Besondere"? Die Firma hat eben die Stellenannonce geschaltet ... Ansonsten alles beliebig? Bäcker ist Bäcker?!
Nein, so leicht gibst du dich sicher nicht zufrieden! Sieh genauer hin! Vergleich „deine" Firma mit den Konkurrenzunternehmen. Warum solltest du nicht auch selbst die Initiative ergreifen und dich einer Firma, die dich besonders interessiert, als Mitarbeiterin anbieten? Auch wenn keine konkrete Stellenanzeige vorliegt?

Voraussetzung ist natürlich, dass du alles nur Erdenkliche über deine Traum-Firma herausgefunden hast. Deshalb kommen jetzt viele Tipps, wie du deine Recherche am Arbeitsmarkt möglichst effektiv gestalten kannst.

Informationen aus erster Hand

Hast du für deine Bewerbung schon ein bestimmtes Unternehmen im Auge, ist es ganz logisch, zuerst die Informationen abzurufen, die das Unternehmen direkt über sich selbst bereithält. Da steht die firmeneigene Website natürlich an erster Stelle.

Wenn du an das übliche **http://www.** den Namen der Firma und – nach einem Punkt – die Länderkennung anhängst, hast du im Normalfall bereits die richtige Adresse erwischt. Für Deutschland hängst du **de**, für Portugal **pr**, für Österreich **at**, für Italien **it** an usw. Die vollständige Adresse könnte also z. B. lauten:

http://www.sony.de oder **http://www.cisco.it**

Je nach Größe des Unternehmens stößt du dort bereits auf eine wahre Fundgrube an Informationen. „Home" (die Seite „wir über uns"), Kundenreferenzlisten, laufende Projekte – hier kann man oft schon ganz gut „ablesen", ob einem Präsentation und Firmenphilosophie zusagen.

Übrigens: Sollte sich die Adresse unter dem Namen der Firma nicht ermitteln lassen, recherchiere unter **http://www.e-business.iao.fhg.de**. Hier findest du eine Unternehmenszusammenstellung des Fraunhofer-Instituts für Arbeitswirtschaft und Organisation.

Info-Broschüren

Eine zweite wichtige Quelle sind natürlich gedruckte Firmenbroschüren, die man sich über die Presse- oder Marketingabteilung zusenden lassen kann. Größere Firmen haben so was auf jeden Fall im Angebot. Ähnlich wie auf den Websites, nur grafisch anders aufbereitet, werden dort die Firma und ihre Philosophie vorgestellt.

Ortstermin gefällig?

Die dritte Möglichkeit ist nicht so abwegig, wie es sich auf den ersten Blick anhört: Geh mal spionieren. Ja, du hast richtig gehört! In größeren Firmen dürfte es nicht auffallen, wenn du dich ein bisschen „inkognito" durch Flure, Hallen und Kantine bewegst. Allerdings solltest du nicht zu verloren aussehen oder gar schuldbewusst aus der Wäsche schauen – das reizt zum Nachfragen. Eine gute Ausrede solltest du aber ohnehin immer parat haben, für den Fall der Fälle ... In kleineren Betrieben oder Agenturen hast du mit dem Spionieren natürlich keine Chance, aber vielleicht fällt dir ein anderer Recherche-Trick ein? Vielleicht könnte die Spionin ja auch als Kundin auftreten? Lass deiner Fantasie freien Lauf ...

Die Nummer 1: das WWW

Wer die Fühler noch nicht nach einem konkreten Unternehmen ausstrecken oder wer erst noch allgemeinere Informationen über den Arbeitsmarkt sammeln bzw. branchenspezifische Vergleiche anstellen möchte, dem bietet das Internet vielfältige Möglichkeiten. Nirgendwo ist Recherche schneller, einfacher und billiger als im World Wide Web.

Suchmaschinen

Hier empfehlen sich zunächst die **allgemeinen Suchmaschinen**; wie:

- **http://www.google.de**
- **http://www.yahoo.de**
- **http://www.lycos.de**
- **http://www.fireball.de**
- **http://www.excite.de**
- **http://www.altavista.com**
- **http://www.nathan.de**

Mit etwas Glück und einem schnellen Computer kann man hier einiges an Infos über Branchen, Berufsbilder, Bewerbungsstrategien bekommen. Nachteil: Man kommt leicht vom Hundertsten ins Tausendste und verliert schnell das aus dem Blick, was man eigentlich erfahren wollte. **Spezielle Suchmaschinen**, die ihren Schwerpunkt auf Beruf und Ausbildung legen, sind:

- **http://www.jobpilot.de**
- **http://www.jobrobot.de** (Metasuchmaschine, die über 200 Job-Sites durchsucht, Infos über Firmen, Profildatenbank)
- **http://www.stepstone.de** (Karriereportal für Europa)
- **http://www.wwj.de** („worldwidejobs"), in erster Linie europäische Karriereleiter, Karriere-Service, Karriereberatung online
- **http://www.jobworld.de** (europäische Metasuchmaschine, Karrieréguide, Bewerbungs-Abc, Online-Tests)
- **http://www.monster.de** (weltweites Karrierenetzwerk)
- **http://www.jobs.zeit.de** (durchsucht täglich ca. 850 Angebote von Stellenmärkten)
- **http://www.cesar.de**

Häufig bieten **Jobbörsen** neben den reinen Stellenangeboten auch jede Menge Infos, Trends und Tipps rund um das Thema Arbeit. Übrigens: Vergiss auch das gute alte Arbeitsamt nicht: **http://www.arbeitsamt.de**

Diplom in der Tasche?

Noch spezifischer können Hochschulabsolventen im Netz recherchieren. Fragen zu den Themen Bildung, Berufsstart, Praktika und Trainee-Plätze werden auf folgenden Seiten beantwortet:

- **http://www.berufswahl.de**
- **http://www.bildungsserver.de**
- **http://www.bewerbung.de**
- **http://www.jova-nova.com**

Ganz traditionell: Printmedien

Wem das Internet zu unübersichtlich ist oder wer lieber Informationen schwarz auf weiß in der Hand hält, ist mit den guten alten Printmedien besser bedient. Angefangen von den Wirtschaftsseiten der Tageszeitungen, den Rubriken „Beruf und Karriere“ in den Samstagsausgaben, bis hin zu den Fachzeitschriften der einzelnen Branchen – wer hier die Augen offen hält, kriegt mit, wie die Situation am Arbeitsmarkt aussieht, kann Firmenpolitik und Führungsstil einzelner Unternehmen beobachten und so schnell ein Gespür für die Trends in seiner Traum-Branche entwickeln.

Stöbere auch in einem gut sortierten Zeitschriftenladen (oft auf größeren Bahnhöfen anzutreffen). Je nach Branche und Fachausrichtung steht dir dort ein breites Spektrum an Zeitschriften und Zeitungen zur Verfügung.

Überregionale Tageszeitungen

Die Samstagsausgaben enthalten umfangreiche Beilagen mit Stellenbörsen und redaktionellem Teil zum Thema Beruf und Karriere.

- *Frankfurter Allgemeine Zeitung (FAZ)*
- *Süddeutsche Zeitung*
- *Die Welt*
- *Die Zeit (erscheint donnerstags mit Stellenmarkt)*
- *Handelsblatt (Wirtschaft, Finanzen)*
- *VDI Nachrichten (Technik, Wirtschaft, Gesellschaft)*

Wirtschaftsmagazine (für den allgemeinen Überblick)

- *Unicum*
- *Handelsblatt Junge Karriere*
- *Capital*
- *Wirtschaftswoche*
- *Business 2.0 (Neue Märkte, Internet-Wirtschaft)*

Fachmagazine

Jede Branche hat ihre Print-Organe, eine unschätzbare Quelle an internen Infos ...

Unsere Beispiele sollten nur als Anregung verstanden werden, denn – wie gesagt – Branchen gibt es viele und die Auswahl ist riesig! (Es gibt z. B. allein 17! medizinische Fachzeitschriften in Deutschland!)

Welche Publikationen und Fachmagazine es über deine Branche gibt, erfährst du über die Suchmaschinen im Internet oder mit einem Anruf beim jeweiligen Wirtschaftsverband, der IHK, bei den Handwerkskammern oder den Gewerkschaften. Also, nichts wie los!

In den Bibliotheken findest du allgemeine Nachschlagewerke, die Informationen über Unternehmen der Bundesrepublik bieten. Frage dort nach dem so genannten „Handapparat"; dort stehen Nachschlagewerke, die nur zum Einsehen, nicht aber zum Ausleihen sind. Für deine Informationszwecke eignen sich am besten die Publikationen des Verlags Hoppenstedt, die in jeder Bücherei zu finden sind:

- *Hoppenstedt Handbuch der Großunternehmen:* Infos über die Top-Unternehmen Deutschlands. Die Ausgabe 2001 enthält detaillierte Daten zu rund 28.000 der größten Unternehmen in Deutschland und ihren rund 176.000 Managern. Veröffentlicht werden Profile von Firmen mit mehr als 10 Mio. Euro Umsatz oder mindestens 150 Beschäftigten.
- *Hoppenstedt Mittelständische Unternehmen:* Infos über Unternehmen mit mindestens 1 Mio. Euro Umsatz oder 20 Beschäftigte, jedoch maximal 150 Beschäftigte oder 10 Mio. Euro Umsatz. Dieses Handbuch enthält Berichte zu mehr als 55.000 Unternehmen.

Lies zwischen den Zeilen

Nutze diese unschätzbar wertvollen Quellen nicht nur dazu, um nach guten Stellenanzeigen zu fischen, sondern nimm die Informationen, die du in Presseartikeln oder Interviews bekommst, als Anregung! Such nach Anhaltspunkten, wo du deine speziellen Fähigkeiten, deine Erfahrung und dein Know-how sinnvoll einbringen könntest! Verfolge Ent-

wicklungen in den einzelnen Unternehmen. Ist ein Start-up in aller Munde, weil es besonders innovative Ideen hat, dann ist auch damit zu rechnen, dass sich die Auftragslage positiv entwickelt und ein hoher Bedarf an neuen Mitarbeitern geschaffen wird. Deine Chance für einen Einstieg – aber natürlich nur, wenn du zum richtigen Zeitpunkt informiert bist und nicht nur passiv auf Stellenangebote wartest.
Deshalb heißt unser wichtigster Tipp in diesem Buch: Ergreif selbst die Initiative! Und die Basis dafür ist deine erfolgreiche Recherche.

Reden ist Gold!

Eine wichtige Quelle, um an Informationen zu kommen – wenn nicht die wichtigste überhaupt – sind Gespräche. Warte nicht darauf, dass dir der Traumjob ins Wohnzimmer getragen wird, geh raus und rede mit den Leuten – aber natürlich mit den richtigen!
Hierzu eignen sich Jobbörsen, Kongresse, Vorträge und Messen: Besonders interessant für Hochschulabgängerinnen sind Jobmessen, auch Recruitings genannt. Hier lernen sich Unternehmen und Jobsuchende

kennen, werden erste Kontakte geknüpft oder – bei gegenseitigem Interesse – sogar schon Vorstellungsgespräche geführt.
Überall wo Menschen zusammenkommen und sich über dein Fachgebiet austauschen, solltest du dabei sein. So knüpfst du Kontakte (Visitenkarten nicht vergessen!), erfährst von freien Stellen und kannst sofort einen persönlichen Eindruck hinterlassen, ohne Gefahr zu laufen, als Nummer ohne Gesicht auf dem Bewerbungsunterlagen-Stapel zu enden. Und das Wichtigste: Du kriegst mit, was in der Branche läuft.
Wenn du dann noch einen Bewerbungsbrief verfassen musst, hast du bereits die Namen wichtiger Ansprechpartner im Notizbuch. Kurz gesagt: Du bist bereits „Insider" und das wird deine Chancen ganz wesentlich erhöhen!
Bezieh dich in deinem Brief konkret auf eventuelle Kontakte zum Empfänger oder auf inhaltliche Zusammenhänge:

> Sehr geehrter Herr XX,
>
> das freundliche und informative Gespräch auf der Recruiting-Messe in XX hat mich in meinem Wunsch bestärkt, in Ihrem Team mitzuarbeiten. Deshalb sende ich Ihnen heute meine Bewerbungsunterlagen ...

> Sehr geehrte Frau YY,
>
> nach Ihrem interessanten Vortrag vergangene Woche in XX sind wir kurz zum Thema XX ins Gespräch gekommen. Sicher erinnern Sie sich: Ich hatte Ihnen vorgeschlagen, dazu redaktionelle Beiträge zu liefern und möchte Ihnen dieses Angebot nun noch mal schriftlich unterbreiten. In der Anlage finden Sie neben meinen Bewerbungsunterlagen auch einige Arbeitsproben, die in diesem Zusammenhang von Interesse sind ...

Dressing UP

... von Blocksatz, Bookman, Briefpapier

Ach so, du dachtest, jetzt geht's los? Du könntest jetzt endlich die reichhaltigen Ergebnisse deiner Recherchen aufs Papier gießen? Na, fast sind wir ja soweit. Nur noch ein paar kleine Anmerkungen zur so genannten „Hardware", der Form und Gestaltung deines Bewerbungsbriefes ...

for the show

Das Formale

Eines ist klar: Dein Brief muss topp aussehen! Bereits der erste Blick auf dein Anschreiben sollte den Betrachter fesseln. Unübersichtliche Anordnung, romanhafte Ausdehnung, zu kleine Schrift, Kaffeeflecken, Eselsohren – nichts dergleichen darf sein geschultes Auge stören, ihm Anlass geben, es naserümpfend zur Seite zu legen.
Er soll denken: „Ja! Das ist schön. Das sieht professionell aus." Dann erst hat er Lust, es auch zu lesen. Und wenn er erst mal liest, dann hast du schon die ersten Pluspunkte gesammelt. Doch dazu mehr im nächsten Kapitel.
Jetzt geht es darum, WIE es dir gelingt, das Anschreiben als echten Augenschmaus zu gestalten. Dazu vorweg ein wichtiger Satz:

- **Gestalterische Vorgaben gibt es nicht – oder zumindest sind sie überholt.**

Das bedeutet: In deiner Gestaltung bist du vollkommen frei. Niemand schreibt dir vor, welchen Schrifttyp du wählst, ob dein Absender rechts oben als Paket oder als Querzeile oben drüber erscheint, ob du Rechtsbündigkeit oder Blocksatz bevorzugst ... All das bleibt deinem Geschmack und deiner Kreativität überlassen.
Trotzdem gibt es ein paar formale Kriterien, die du einhalten solltest, wenn dein Schreiben seriös wirken und zum Lesen einladen soll.

So viel Stil sollte sein

Der Bewerbungsbrief ist im Normalfall ein Begleitschreiben zu deiner eigentlichen „Produktinformation", der Bewerbungsmappe. Daraus ergeben sich bestimmte Vorgaben für seine äußere Form:

- **Unterlagen:** Der klassische Bewerbungsbrief liegt als Begleitschreiben lose oben auf der Bewerbungsmappe. In der Mappe hat er nichts verloren! Der Grund dafür ist, dass Personalabteilungen meist Brief und Mappe trennen: Der Bewerbungsbrief verbleibt in der Personalabteilung, während die Mappe häufig hausintern zur Beurteilung weitergeleitet wird.

- **Papier:** Verwende eine bessere Papierqualität als für deinen Einkaufszettel, am besten ein etwas schwereres Papier mit Wasserzeichen (z. B. von Gohrsmühle).
  Auch ein dezent getöntes Papier ist denkbar. Vorteil: Es fällt in der Masse der weißen Anschreiben zumindest auf.
  Von eigenem Briefpapier raten wir ab. Bei jüngeren Bewerberinnen wirkt das schnell aufgesetzt und übertrieben.
- **Schrift:** Verwende einen gut lesbaren, nicht zu kleinen Schrifttyp (z. B. Arial oder Futura sind klar und modern, Times oder Times New Roman wirken gediegener). Probier einfach aus, was am besten zu dir passt ...
- **Zeilenabstände:** Der Text sollte nicht „gequetscht", sondern „großzügig" wirken. Am besten wirkt ein Zeilenabstand von 1,5 Zeilen.
- **Absätze:** Der Text sollte übersichtlich gegliedert sein und sinnvolle Absätze enthalten.
- **Länge:** Ein ganz entscheidender Punkt! Niemand möchte als Anschreiben einen Roman lesen. Eine Seite als Begleitschreiben ist optimal, für ein Initiativanschreiben dürfen es im Ausnahmefall auch eineinhalb Seiten sein.

Absolut „out"

- **Handgeschriebenes Anschreiben!** Geschrieben wird auf einer Schreibmaschine mit sehr gutem Farbband bzw. auf dem Computer. Sorge für ein gestochen scharfes und sauberes Druckbild. (Wer einen zickigen Drucker hat, kann sich Dateien in sehr guter Qualität im Copyshop ausdrucken lassen.)
- **Tipp-Ex!** Sollte dir ein Fehler unterlaufen sein, druckst du die Seite neu aus. Bloß nichts ausbessern!
- **Gestalterischer Schnickschnack!** Dazu gehört das Vermischen unterschiedlicher Schrifttypen, Springen zwischen *kursiver* und normaler Schrift, verschiedenen Schriftgrößen o. Ä. Das wirkt nur

aufgesetzt und hat – wie du an unserem Beispiel sehen kannst, – ein unruhiges Schriftbild zur Folge, das ganz und gar nicht zum Lesen einlädt. Auch mit dem „fett markieren“ solltest du äußerst sparsam umgehen! Nur die Bezugszeile wird fett herausgehoben.

- **Foto auf dem Anschreiben!** Das Foto gehört zu deiner Bewerbungsmappe und damit entweder rechts oben auf den Lebenslauf oder wahlweise auf ein gesondertes Deckblatt. Oft werden Anschreiben und Bewerbungsmappen nicht zusammen aufbewahrt, sondern das Anschreiben wird in einem Ordner abgeheftet, die umfangreicheren Bewerbungsmappen landen auf einem Stapel – und deine Mappe wäre eine „ohne Gesicht“ ...

Geh aufs Ganze!

Der Bewerbungsbrief ist die Ouvertüre zur Gesamtkomposition deiner Mappe. Und bevor sich der Empfänger den Details zuwendet und die einzelnen Seiten studiert, hat er schon einen ersten Eindruck von der Tonart, die gespielt wird. Moll oder Dur, blasser Einheitslook, hochgestylter Verkaufsprospekt oder einfach die sympathische Variante – eine sinnvoll zusammengestellte, ordentliche, saubere, strukturierte und vollständige Mappe, der man ansieht, dass sich jemand Gedanken gemacht hat ... So stimmst du den Empfänger positiv ein.

Umfragen haben ergeben, dass sich Personalentscheider länger mit den Mappen beschäftigen, die ihnen in der Form und Präsentation zusagen und bei denen klar erkennbar ist: Der Absender hat sich wirklich Mühe gegeben. Denn damit signalisiert der Bewerber auch sofort: Mir liegt wirklich was an dieser Bewerbung und dafür bin ich bereit, Zeit und Energie zu investieren. Du kannst also mit einer sorgfältig und schön gestalteten Mappe deine besondere Motivation für deinen Traum-Job unter Beweis stellen. Why not ... ?

TÜV-Termin:
Die Sicherheits-Checkliste

Dein Bewerbungsanschreiben sollte

- insgesamt ein seriöses Erscheinungsbild haben,
- möglichst nicht mehr als eine Seite beanspruchen,
- übersichtlich in Absätze gegliedert sein,
- eine gut lesbare, nicht zu kleine Schrift haben,
- den Empfänger namentlich ansprechen,
- auf ordentlichem weißem bzw. dezent getöntem Papier stehen,
- ein exzellent sauberes Druckbild haben oder auf einer sehr guten Schreibmaschine getippt worden sein,
- im Adressfeld die korrekte und vollständige Firmenbezeichnung nennen,
- auf korrekte Orthographie und Grammatik überprüft worden sein,
- inhaltlich ganz persönlich auf einen Empfänger zugeschnitten sein,
- einen originellen Einstieg haben, der Interesse weckt,
- die wesentlichen Punkte des Anforderungsprofils aufgreifen und beantworten,
- überzeugend und knackig auf den Punkt bringen, warum gerade du die Richtige bist, statt den Lebenslauf nachzuerzählen,
- dein Interesse an der betreffenden Firma nachvollziehbar begründen,
- deine „persönliche Note“ tragen.

What you really

*... kurz, knackig, kreativ –
Aufbau und Inhalt*

Dein Briefpapier kann noch so schön sein: Wenn deine Botschaft nicht ankommt, war die ganze gestalterische Mühe umsonst. Deshalb gilt, egal in welcher „Bewerbungslage“ du dich gerade befindest: Individuelle Briefe mit gut strukturiertem Aufbau sind gefragt ...

want to say

Die klassische Bewerbung

„Werbung für alle ist Werbung für keinen!" heißt es in der Werbebranche. Das Gleiche gilt für dich und deine Bewerbung: Mit dem kleinsten gemeinsamen Nenner, der auf alle möglichen Unternehmen passt, wirst du bei niemandem auf Interesse stoßen. So individuell wie ein Liebesbrief müssen Bewerbungen auf den Empfänger, also die Firma, in der du arbeiten willst, zugeschnitten sein. Deshalb gilt: Lieber wenige Bewerbungsanschreiben und die dafür sehr gut vorbereitet, als ein beliebiger Einheitsbrei, der die Schreibtische der Personalentscheider überschwemmt und von dem sich niemand angesprochen fühlt.

Aus diesem Grund hast du ja so gut recherchiert – bei dir selbst und auf dem Arbeitsmarkt – und genug Material gesammelt, um für jedes individuelle Anschreiben aus dem Vollen schöpfen zu können.

Übrigens ist es nicht ungewöhnlich, für ein richtig ausgefeiltes Anschreiben auch mal vier Stunden aufzuwenden. Nur Leute mit viel Erfahrung schaffen es vielleicht ein bisschen schneller ... Auch wenn du jetzt schon überlegst, wann du das nächste Mal zu Aldi fahren kannst, schlagen wir vor, du liest trotzdem erst mal weiter. Vielleicht musst du ja noch einen Bewerbungsbrief schreiben.

Was jetzt kommt, ist ein bisschen Theorie. Muss aber leider sein, denn jeder Brief braucht eine Dramaturgie, einen sinnvollen, logischen und schlüssigen Aufbau.

Sehen wir uns zunächst einen klassischen Bewerbungsbrief an, den du auf eine Stellenanzeige oder auf eine mündliche Absprache hin verschickst. Die entsprechende Firma bzw. der Ansprechpartner hat also „Empfangsbereitschaft" signalisiert. Dein Anschreiben wird als Begleitbrief lose auf die Bewerbungsmappe gelegt.

Der Begleitbrief ist ein Appetizer: Er soll Interesse wecken, sich mit deiner Person näher zu beschäftigen, und das heißt zunächst, deine Bewerbungsmappe zu studieren. Er enthält wenig Informationen aus deinem Lebenslauf, dafür aber eine kurze, knackige Botschaft, die deine Qualifikation in Bezug zum Anforderungsprofil der ausgeschriebenen Stelle setzt. (Beispiele ab Seite 85)

Die Briefbausteine

Sehen wir uns also die nüchternen Fakten an. Ein Brief muss bestimmte Faktoren enthalten, um überhaupt ein Brief zu sein. Für geschäftliche Briefe – und besonders auch für Bewerbungsbriefe – gibt es eine Form, die erwartet wird und die sich aus den aufeinander folgenden Bausteinen zusammensetzt.

Die einzelnen Bausteine (in dieser Reihenfolge)

- Absender
- Anschrift
- Ort/Datum
- Bezugszeile
- Anrede
- 1. Absatz: Einstieg und Bezug
- 2. Absatz: „Vision"
- 3. Absatz: Abschluss
- Grußformel
- Unterschrift
- Eventuell P.S.
- Hinweis auf die Anlage

Der Absender

Wie schon gesagt, gestalterische Feinheiten wie die Anordnung des Absenderfeldes bleiben deinem persönlichen Geschmack überlassen. Auf unseren Beispiel-Seiten (ab Seite 85) kannst du dir verschiedene Varianten ansehen. Nur eines ist entscheidend:
Mach es dem Empfänger so leicht wie möglich, mit dir Kontakt aufzunehmen. Nenne deshalb neben deiner kompletten Postanschrift und der Telefonnummer auch – wenn vorhanden – Faxnummer, Mobiltelefonnummer und E-Mail-Adresse.

Die Anschrift

Die Position des Anschrift-Feldes ist festgelegt, wenn du einen Fenster-Briefumschlag verwenden möchtest. Wir mögen das, weil es professionell und ordentlich aussieht, aber du kannst natürlich auch einen normalen großen Umschlag nehmen. Dann aber die Anschrift bitte in Schönschrift und die Briefmarken in Reih und Glied kleben.

Wichtig

- Nenne den Ansprechpartner bereits in der Anschrift mit dem kompletten Titel und dem Vornamen. „Herrn" oder „Frau" gehört natürlich davor! Für den Fall, dass in der Stellenanzeige kein Ansprechpartner genannt ist, lohnt sich ein Anruf bei der Firma, um diesen zu ermitteln. Das kann dir oft schon die Telefonzentrale bzw. die Sekretärin sagen. Und keine Angst: Es ist völlig normal, wegen dieser Information dort anzurufen; darüber wundert sich niemand.
- Auch die Firmenbezeichnung muss komplett sein. Zusätze zur Unternehmensform gehören zum Namen dazu (z. B. VOX Film- und Fernseh GmbH & Co. KG); sie müssen korrekt sein und dürfen nicht vergessen werden. Setzt eine Firma ihren Namen immer in Versalien, solltest du das ebenfalls übernehmen (z. B.: SIEMENS statt Siemens).
- Vergiss auch nicht – vor dem Namen – die Abteilung deines Ansprechpartners zu nennen.

Ein Beispiel für eine komplette Anschrift

PINGELIG & PIEFIG
Gesellschaft für Gebäudereinigung mbH
Personalabteilung
Herrn Prof. Paule Putzteufel
Seifenblasenweg 5

55555 Wischwasser

Ort und Datum

Vergiss nicht Ort und Datum. Nicht nur der Empfänger, auch du selbst willst ja später nachvollziehen können, wann du das Schreiben abgeschickt hast ...

Die Bezugszeile

Widmen wir uns dem nächsten Kästchen auf unserer Übersicht: der Bezugs- oder Betreff-Zeile. An ihr bleibt das Auge des Personalentscheiders als Erstes hängen. Was er wissen will, ist, kurz und klar auf den Punkt gebracht: Worum geht es in diesem Brief? Deshalb wird die Bezugszeile durch Fett-Markierung deutlich hervorgehoben. Allerdings bitte nicht gleichzeitig komplett kursiv setzen oder womöglich unterstreichen ... denk an die Ästhetik.
Früher war es üblich, ein „Betreff:" vorweg zu setzen. Das gilt heute als altmodisch. Also weglassen und gleich mit dem Wesentlichen beginnen: Was ist der Anlass deines Schreibens?

Beispiel
Ihre Anzeige in der *Rheinischen Post* vom 11.11.2001: Ausbildung zur Mediengestalterin

oder

Bewerbung als Arzthelferin
Ihre Anzeige vom 11.11.2001 im *Dinkelsbühler Wochenblatt*

Die Anrede

- Eine leichte Übung. Den genauen Titel plus Namen unseres Ansprechpartners hast du ja schon für die Anschrift ermittelt. Einziger Unterschied: In der Anrede wird der Vorname selbstverständlich weggelassen.
- „Sehr geehrte Damen und Herren, ..." ist nur in absoluten Notfällen erlaubt!! (z. B. bei Chiffre-Anzeigen, denn da weißt du eben nicht, um welche Firma es sich handelt.) Ansonsten gilt immer: Bewerbungsbriefe persönlich adressieren!
- Der Einstieg „Sehr geehrter ..." oder „Sehr geehrte ..." ist ein Muss, es sei denn, du bist bereits persönlich so gut bekannt, dass sich ein vertraulicheres „Lieber ..." rechtfertigen lässt.
- Schließ die Anrede nicht mit einem Ausrufezeichen (wirkt leicht aufgeregt), sondern mit einem Komma. Und dann geht's klein weiter ...

Ein knackiger Einstieg

Jetzt wird's interessant, denn wir kommen zum Wesentlichen: den drei Textblöcken deines Bewerbungsbriefes. Man kann in aller Deutlichkeit hervorheben, dass der Einstieg dabei elementar wichtig ist.
Bereits mit den ersten Worten machst du klar, ob du im trüben Strom der Langweiler schwimmst oder ob es sich bei deinem Schreiben um etwas Besonderes, vielleicht sogar Außergewöhnliches handelt. Also vermeide tunlichst: „Hiermit bewerbe ich mich um ...". Stell dir vor, du müsstest diese Formulierung täglich hundertmal lesen. Würdest du nicht auch nach einer Abwechslung im immergleichen Einerlei lechzen? Na, also!
Denk dir etwas Besseres aus, etwas Individuelles, Spannendes, Ungewöhnliches! Deiner Fantasie sind keine Grenzen gesetzt, nur den guten Geschmack solltest du nicht verletzen. Hauptsache aber, es gelingt dir, den Leser damit zu fesseln, ihn zu ködern und in deinen Text „hineinzuziehen".

Beispiele für individuellere Einstiegsvarianten

- „... Sie planen, Ihr Team zu verstärken? Ich möchte dazu beitragen, dass ..."
- „... In Ihrer Anzeige suchen Sie eine/n ... . „Ich bin ... ."
- „... auf Empfehlung von Herrn ... wende ich mich direkt an Sie ..."
- „... wie in dem sehr freundlichen und informativen Telefonat mit Herrn ... abgesprochen, erhalten Sie meine Bewerbungsunterlagen ..."
- „... vielen Dank für das informative Telefonat. Unser Gespräch hat mich in meinem Interesse bestärkt ..."
- „... das von Ihnen beschriebene Aufgabenfeld im Bereich ... entspricht genau meinen Fähigkeiten und beruflichen Zielen ..."
- „... Sie beschreiben eine berufliche Aufgabe, die mich in besonderem Maße interessiert ..."
- „... nach unserem interessanten Gespräch auf der ... Messe freue ich mich ..."

Der persönliche Bezug

Gleich im Anschluss an den Einstiegssatz solltest du einen persönlichen Bezug herstellen. Leg also die Karten auf den Tisch und offenbare dein Motiv:

- „Die von Ihnen beschriebene Stelle ist die konsequente Fortsetzung meiner Ausbildung und meines Berufsweges."
- „Ich möchte mich beruflich neu orientieren und sehe in der von Ihnen beschriebenen Aufgabe eine interessante Herausforderung."
- „Ihre Beschreibung des Aufgabengebietes hat mich in meinem Wunsch bestärkt, in Ihrem Unternehmen als ... tätig zu werden ..."

Die Vision

Kommen wir zum „Kernpunkt" deines Anschreibens: deiner Vision. In diesem Absatz solltest du schlüssig darlegen, warum du mit deinen Kompetenzen, Fähigkeiten und Erfahrungen die richtige Kandidatin für

den Job bist. Und das ohne weitschweifig zu werden. Ja, es ist vertrackt! Aber tue dir selbst den Gefallen: Investiere Zeit und Energie in diese fünf Zeilen. Es wird sich lohnen!
Achtung: Lass dich nicht verleiten, im Absatz „Vision" deinen Lebenslauf nachzubeten. („Von 1998-99 war ich als Spitzenklöpplerin bei der Gina-Gardinen GmbH tätig, von 1999 bis .... .")
Diese Aufzählungen haben in ihrer Ausführlichkeit wirklich nur im tabellarischen Lebenslauf ihre Berechtigung. Das Gleiche gilt auch für die Formulierungen aus der Stellenanzeige. Bloß nicht wortgetreu wiederkäuen! Der Mensch, der sie sich ausgedacht hat, wird mit großer Wahrscheinlichkeit derselbe sein, der auch dein Anschreiben in die Finger kriegt.
Oberstes Gebot: Langweile ihn nicht mit Wiederholungen, Worthülsen, Allgemeinplätzen. Jetzt heißt es: konkret werden, begründen, überzeugen!

Mit Pfefferminz bin ich dein Prinz!

Ohren gespitzt, die zwei wesentlichen Aspekte, die zu deiner Vision gehören, lauten:

Was will ich erreichen?
Was habe ich zu bieten?

- Bezieh dich inhaltlich auf die Anforderungspunkte in der Stellenanzeige, ohne sie wörtlich zu wiederholen.
- Setz Punkt für Punkt dieses Anforderungsprofil in Bezug zu deinen Kompetenzen.
- Mach auf deine Qualitäten aufmerksam, aber verknüpf positive Selbstbeschreibungen IMMER mit einer konkreten Tätigkeit oder Erfahrung. Zum Beispiel: „Meine Stärke liegt im effizienten Erstellen von Texten. In meiner Tätigkeit als PR-Referentin konnte ich diese Fähigkeit täglich unter Beweis stellen und weiterentwickeln." Oder: „Als Mitherausgeberin unserer Schülerzeitung ‚Einstein & Co.' gehörten das kreative Entwickeln neuer Themen und intensive Recherche im Internet zu meinen Hauptaufgaben."

- Verdeutliche jetzt deine Motivation, die im Bezugssatz schon aufgeblitzt ist: Hier ist Raum für einen weiteren ausführlicheren Begründungssatz, warum ausgerechnet dieser Job zum gegenwärtigen Zeitpunkt für dich das Richtige ist

Beispiele

- „Da Sie Bedarf an Mitarbeitern/innen mit der speziellen Ausbildung als ... haben, bin ich überzeugt, eine gute Ergänzung und Bereicherung Ihres Teams zu sein."
- „Auf der Suche nach neuen Herausforderungen möchte ich gerne in einem innovativen und zukunftsorientierten Unternehmen arbeiten."
- „Da mein Studienschwerpunkt auf dem Gebiet ... lag, sehe ich in einer Tätigkeit als ... die Möglichkeit, meine Kenntnisse in der Praxis anzuwenden."

TIPP | ZUR GESTALTUNG

Der Absatz „Vision" muss nicht zwingend ein Fließtext sein. Wenn du mehrere Fakten aus deinem Werdegang nennst, kann auch eine Gliederung in einzelne Punkte sinnvoll sein. Die Briefseite bekommt so einen klaren Aufbau und wird optisch sehr übersichtlich.

Ein gelungener Schlussakzent

Der letzte Satz eines Briefes klingt immer noch ein wenig nach. Deshalb gilt für die Abschlussfloskel das Gleiche wie für deinen Einstieg: Auch „the end" sollte eine besondere Note haben. Okay, „the end" von „Casablanca" solltest du dir hier nicht gerade zum Vorbild nehmen: Ingrid steigt ins Flugzeug, Humphrey steht im Regen und alle Fragen offen ... Dann schon lieber „Schlaflos in Seattle": Spannung bis zur letzten Minute und Happy End auf dem Empire State Building – höher hinauf kann man nicht kommen!

Vermeide die abgelutschte Standard-Formulierung: „Ich würde mich freuen, wenn Sie mich zu einem persönlichen Gespräch einladen würden." Würden, würden, würden! Macht nur keiner! Weil alle schon vorher eingeschlafen sind!
Wie wär's mit etwas mehr Dynamik?

Beispiele

- „Ich freue mich auf eine Einladung zu einem persönlichen Gespräch."
- „Ich möchte Sie auch persönlich überzeugen und freue mich auf ein Gespräch mit Ihnen."
- „Für ein Vorstellungsgespräch stehe ich Ihnen gerne zur Verfügung und freue mich auf eine Einladung nach München ..."
- „Ich bin sicher, Sie in einem persönlichen Gespräch von meinen Fähigkeiten überzeugen zu können und freue mich auf eine Einladung."
- „Damit Sie einen persönlichen Eindruck von mir bekommen, bin ich jederzeit zu einem Gespräch bereit."
- „Ich freue mich darauf, Sie kennen zu lernen und Sie in einem persönlichen Gespräch von meinen Fähigkeiten zu überzeugen."

Na, bitte ... Klingt doch gleich viel knackiger, aufgeschlossener, sympathischer.

Die Grußformel

Du wirst es nicht glauben: Auch über die Grußformel kann man ein paar Worte verlieren. Tja, wir ersparen dir nichts! Aber du hast es ja so gewollt ...
Okay, wir kommen auf den Punkt:
Wie kannst du auch noch in der Grußformel deine Kreativität, Motivation und Kompetenz unter Beweis stellen?? Ach so, du dachtest immer, „Mit freundlichen Grüßen" sei das Ende der Fahnenstange?! Mitnichten! Was hältst du denn von:
„Mit freundlichen Grüßen aus München" ...?

Aha! Na, haben wir zu viel versprochen? Klingt doch ganz anders: viel persönlicher, wärmer, herzlicher! Na, bitte. So einfach ist das. Und hat sogar schon eine ausführlichere erste Kontaktaufnahme am Telefon stattgefunden, darfst du sogar schreiben:
„Mit herzlichen Grüßen aus München" ...
Natürlich nur, wenn du auch aus München schreibst. Sitzt du in Pusemuckel, lass es besser weg!
Tue nicht zu viel des Guten! Ein „Hochachtungsvoll" muss nun wirklich nicht sein. Es sei denn, du bewirbst sich bei der Präsidentin des Bundesverfassungsgerichtes.

Deine Unterschrift

- Vergiss nicht, deine „drei Kreuze" zu machen, sonst war alle Mühe umsonst. Nicht unterschriebene Briefe wirken irgendwie nicht ganz ernst gemeint.
- Unterschreib per Hand und setz nicht noch mal den Namen in getippter Form unten drunter: Das wirkt schnell etwas gestelzt und übertrieben.
- Schön macht sich übrigens blaue Tinte. So wird deine schwungvolle Unterschrift zum Farbtupfer der Seite. Unser Tipp: Vorher ein paarmal üben!

Postskriptum

Richtig, nur nichts verschenken! Hier ist noch eine Chance – für diesen Brief allerdings die letzte –, deine Vorzüge ins definitiv rechte Licht zu setzen.
PS oder auch „Postskriptum" bedeutet so viel wie „nachgestellt" oder „Ach, was mir da gerade noch einfällt ... !" Allerdings solltest du mit der Auswahl schon etwas kritisch sein. Und nicht etwa etwas Ähnliches wie den folgenden Nachtrag anfügen:
„PS: Vor drei Jahren hatte ich übrigens schon mal eine Affäre mit Ihrem Sohn. Sie können ihn ja mal auf mich ansprechen."
Wir glauben, der Schuss geht nach hinten los! Dann schon eher so:

„PS: Vom 20. – 25. April befinde ich mich auf einem Seminar zur Weiterbildung als … . und bin dort nur mobil unter … zu erreichen.“

Und schließlich: die Anlagen

Nachdem du die Neugier des Lesers Zeile für Zeile gekonnt gesteigert hast, gibst du ihm nun den Hinweis, dass sich auch noch weitere Unterlagen über deine höchst interessante Persönlichkeit im gleichen Briefumschlag befinden. Hier darfst du wieder kurz und knapp sein, und diesmal sogar schrecklich unpersönlich. Am besten schreibst du:

- Anlagen

Ebenso gut ist (wenn du unbedingt geschwätzig sein willst):

- Anlage:
  Bewerbungsunterlagen

Verkneif dir an dieser Stelle jede Art von Aufzählung einzelner Zeugnisse oder Arbeitsproben. So, wie es da steht, langt es. Solltest du viele Seiten als Anlagen haben (z. B. Arbeitsproben), entwirf lieber noch ein schönes Inhaltsverzeichnis. Und so wie auf unserer Beispiel-Seite soll das Ganze dann mal aussehen. Alle Bausteine sollten auch in deinem Brief auftauchen. Wie du das Ganze dann grafisch gestaltest, ist deine Sache.

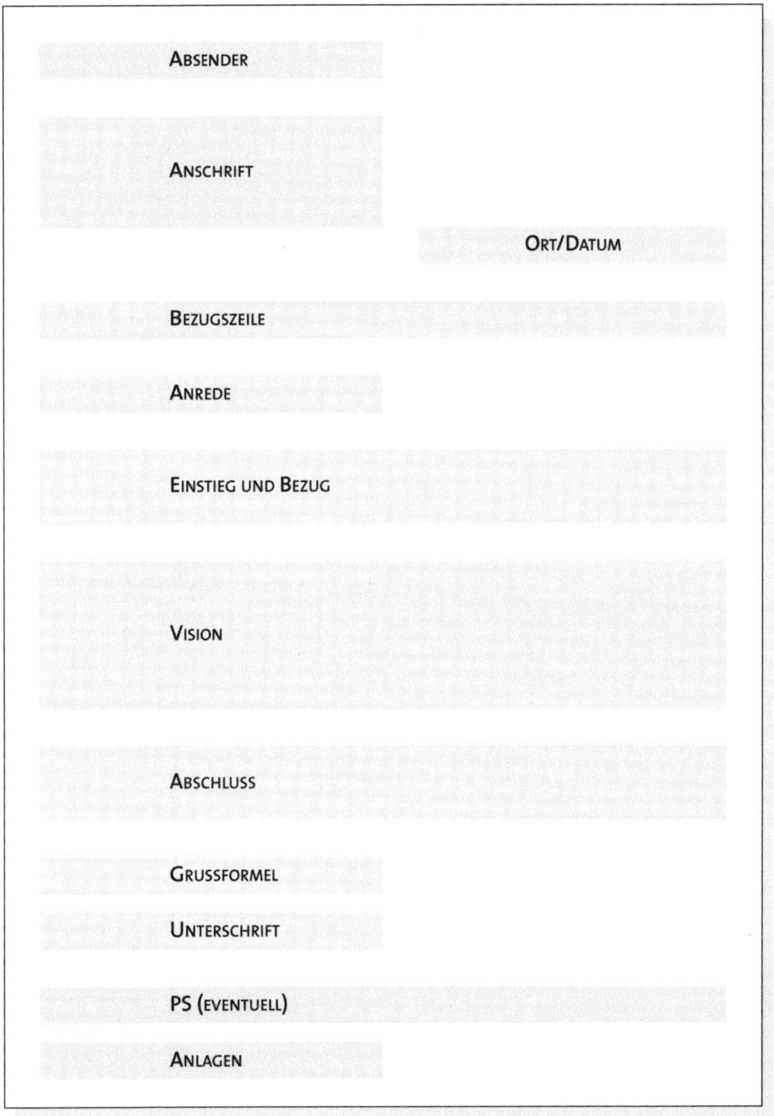
Absender
Anschrift
Ort/Datum
Bezugszeile
Anrede
Einstieg und Bezug
Vision
Abschluss
Grussformel
Unterschrift
PS (eventuell)
Anlagen

Finessen rund ums Gehalt

Ein überaus wichtiges Thema, das wir bisher vernachlässigt haben: Die Frage nach deiner Gehaltsvorstellung, die in Stellenanzeigen gerne gestellt wird. Der Platz für eine Antwort ist der Absatz, den wir Vision genannt haben. Passt ja auch sehr gut zum Thema! Deshalb an dieser Stelle ein kleiner Ausflug in die Welt des schnöden Mammons ...

Wenn du dich um einen Ausbildungsplatz bewirbst, bist du vom Thema Gehaltsverhandlungen noch nicht betroffen. Hier ist das Gehalt im Normalfall festgelegt und wird in der Ausschreibung der Ausbildungsstelle genannt. Wenn nicht, erkundige dich bei jemandem, der in der Branche arbeitet, womit du monatlich ungefähr rechnen kannst. Das Gleiche gilt für Bewerberinnen, die sich auf Stellen bewerben, die nach Tarif bezahlt werden, z. B. im öffentlichen Dienst.

Bewirbst du dich allerdings um einen Arbeitsplatz in der freien Wirtschaft bzw. steigst du direkt nach dem Studium ins Berufsleben ein, solltest du dich über die durchschnittliche Höhe der in deiner Branche und für deinen angestrebten Beruf gezahlten Gehälter informieren.

Oft ist diese Information schon vor den konkreten Verhandlungen um das Gehalt im Vorstellungsgespräch von Nutzen, denn in vielen Stellenanzeigen kannst du lesen: „... bitten wir um Zusendung Ihrer aussagekräftigen Bewerbungsunterlagen mit Angaben zum Gehaltswunsch und nächstmöglichem Eintrittstermin ..."

Tja! Was machst du in diesem Fall? Wir meinen: Wer fragt, soll auch eine Antwort kriegen. Aber gewusst wie!

Das liebe Geld ist ein äußerst heikles Thema im Bewerbungsanschreiben. Gibst du ein zu hohes Gehalt an, hält man dich für größenwahnsinnig und – schwupps! – bist du draußen, bevor man deine Mappe auch nur eines Blickes gewürdigt hat. Noch schlimmer ist allerdings folgende Variante: Deine Gehaltsvorstellung ist wesentlich niedriger als die vorgesehene Dotierung. Folge: Man hält dich für unterqualifiziert, bzw. schlecht informiert. Und du bist genauso schnell draußen.

Das bedeutet: Hier ist Recherche alles! Du musst richtig gut über das branchenübliche Gehalt Bescheid wissen – das ist oberstes Gebot!

Wie aber sollst du an die nackten Fakten herankommen? Über Geld wird ja gern vornehm geschwiegen ... Freunde und Bekannte fragen? In der Firma anrufen? Bloß nicht! Finger weg! Rühr nichts an, bis du nicht das komplette Kapitel zu Ende gelesen hast!
Also, wir gehen die Sache systematisch an: Welche Anhaltspunkte gibt es, wie viel du verdienen solltest und welche Informationsquellen stehen dir für die Recherche zur Verfügung?

Wie hoch war dein letztes Gehalt?

(Berufseinsteigerinnen hören jetzt mal weg ...) Faustregel: Bei einem Wechsel in ein anderes Unternehmen solltest du eine Steigerung von 10–15 % erreichen. Allerdings ist erst ab dem zweiten Berufswechsel eine solche Steigerung zu erwarten – wenn du gerade erst die Schulbank verlassen hast, gilt diese Faustregel noch nicht.
Wenn die angestrebte Stelle für dich eine besonders spannende Perspektive darstellt, kann ein niedrigerer Einstieg beim Gehalt natürlich gerechtfertigt sein und durch andere Vorteile (interessante Aufgabe, nette Kollegen, tolle Stadt) durchaus aufgewogen werden.
Bei Neuanfängen oder Quereinstiegen musst du ebenfalls mit (vorübergehenden) Einbußen rechnen.

Wie ist deine Marktposition?

Um die zu ermitteln, brauchst du zunächst die Information, was für deine angestrebte Position branchenüblich gezahlt wird. Okay, wir geben zu, dass die Recherche nicht ganz unkompliziert ist, aber wir haben da ein paar Tipps für dich! Zapf die folgenden Quellen an:

- Die großen Wirtschaftsmagazine (wie *Capital*, *Handelsblatt* etc.) drucken immer wieder Listen mit Gehaltsübersichten ab.
- Wenn du bereits Mitglied in einer Gewerkschaft bist, hast du es leicht. Dort bekommst du telefonisch Auskunft über Tariflöhne und Gehaltsgruppen. Für Nicht-Mitglieder gibt es diese Möglichkeit nicht; sie können diese Infos aber über andere Quellen (Zeitschriften, Internet etc.) ebenfalls leicht recherchieren.

- Sehr Erfolg versprechend: Recherche im Internet! Unter **http://www.gehalt.de** für den öffentlichen Dienst, oder unter **http://www.focus.de/D/DB/DBE/dbe.htm** gibt es Angaben zur Bezahlung bestimmter Berufsgruppen, sonst über die Suchmaschinen unter den Stichwörtern: Job, Beruf, Gehalt, Karriere etc. ...
- Ruf das Statistische Bundesamt in Wiesbaden an. Dort bekommst du Auskünfte zu Durchschnittslöhnen und Gehältern aller Branchen. Zuständig ist die Abteilung 6b, „Löhne und Gehälter". Auch auf der Website des Bundesamtes **http://www.destatis.de** findest du Tabellenübersichten aus den verschiedenen Branchen (z. B. Einzelhandel, Versicherungsgewerbe, produzierendes Gewerbe): Geh von der Homepage aus über „Basisdaten" zu „Löhne und Gehälter" und dann weiter zu „Tabellenübersicht".
- Beziehe auch Faktoren wie dein Alter und die Wohngegend mit ein. Das heißt im Klartext: Je älter du bist, desto mehr Berufserfahrung (in der Regel) – also desto mehr Geld auf dem Gehaltskonto. Und in Großstädten wie München oder Berlin werden durchschnittlich höhere Gehälter gezahlt als in kleinen Städten wie Wesel oder Celle.

So, die Größenordnung ist damit klar. Und jetzt wird's mal wieder ganz unangenehm! Geh in dich und schätze deinen persönlichen Marktwert realistisch ein:

Was hast du deinem zukünftigen Arbeitgeber zu bieten?

Warum sollte er dich gut bezahlen? Weil du es liebst, auf die Seychellen in Urlaub zu fliegen? Weil du so gerne teuer essen gehst? Stopp! Fällt dir nichts anderes ein? Wie wär's z. B. ...

- ... mit den fachlichen und menschlichen Qualitäten wie Verantwortungsbewusstsein, Leistungsbereitschaft, Flexibilität etc.)?
- Kannst du vielleicht schon mit beruflichen Erfolgen glänzen (Verbesserungsvorschläge, Ideen für neue Produkte etc.)?
- Hast du tolle Praktika gemacht oder besondere Sprach- oder Computerkenntnisse vorzuweisen?

Kurz gefragt: Welchen Nutzen hast du für eine Firma und was bist du, in purem Gold aufgewogen, wert? In Relation zur branchenüblichen Gehaltsspanne ergibt das die Summe von:

Euro.

Uff, eine schwere Geburt! Aber den ersten Schritt hast du hinter dir: Dein Wunschgehalt steht fest. Jetzt musst du deine Vorstellung nur noch an den Chef bringen, ohne dass dieser aus den Socken kippt. Wie gesagt, wir reden hier nicht über Gehaltsverhandlungen, zu dem Thema gibt's andere Bücher. Hier geht es nur um dein Anschreiben, das nun mal eine Antwort auf diesen brenzligen Punkt „Gehaltsvorstellung“ enthalten soll. Dazu gibt es ein paar kleine, aber feine Tricks, die du unbedingt beherrschen solltest:

- Gib deine Gehaltsvorstellung immer als Jahresbruttogehalt an. Nur so kannst du wirklich Gehälter vergleichen, denn nur in den jährlichen Bezügen sind auch die netten Extras wie Weihnachts- und Urlaubsgeld, Sondervergütungen, Fahrtkostenzuschüsse etc. enthalten. Ein Rechenbeispiel: Sagen wir, du verdienst monatlich 1.700 €. Mal 12 macht das 20.400 €, plus 150 € Weihnachtsgeld und 250 € Urlaubsgeld kommst du insgesamt übers Jahr auf 20.800 €.
- Gib keine konkrete Summe, sondern immer eine Gehaltsspanne an (z. B. zwischen 25.000 und 30.000 € brutto).
- Orientiere dich dabei von der unteren Mindestgrenze deines Gehaltswunsches ausgehend nach oben. In knallharten Zahlen ausgedrückt: Wenn du z. B. 25.000 € verdienen willst, gibst du als Spanne nicht 20.000 – 25.000 € an, sondern 25.000 – 30.000 €. Es kann immer sein, dass die Verhandlungen knifflig werden. Und du möchtest ja nicht auf 20.000 € heruntergehandelt werden, oder?!
- Aus einer an den oberen Rand geschobenen Spanne spricht außerdem eine gesunde Wertschätzung der eigenen Arbeit: Du bist von deinen Fähigkeiten überzeugt und wirst dich nicht billig verkaufen!
- Als grobe Faustregel kann man sagen, dass du ab einem Jahresbruttogehalt von 50.000 € aufwärts die Summe nicht mehr im Anschreiben nennen solltest, auch wenn danach gefragt wird. Formuliere es zum Beispiel so: „Über meine Gehaltsvorstellung und das Eintrittsdatum würde ich gern persönlich mit Ihnen sprechen."

Apropos Eintrittsdatum ...

Lass dich unter keinen Umständen von der Angabe eines Eintrittsdatums abschrecken! Nehmen wir mal an, du hast eine Kündigungsfrist von sechs Monaten oder drei Monaten zum Quartalsende und in der Stellenanzeige, auf die du dich bewerben willst, steht „ab sofort" oder „zum frühestmöglichen Eintrittsdatum". Schick deine Bewerbung trotzdem ab. Nach aller Erfahrung ist Besorgnis hier fehl am Platz. Wenn du nämlich erst mal einen Fuß in der Tür hast, sprich: Wenn man auf deine Unterlagen positiv reagiert hat und du dich im Vorstellungsgespräch als Wunschkandidatin entpuppt hast, dann findet sich immer eine Lösung, was den Start-Zeitpunkt angeht. Im Klartext: Hat man wirkliches Interesse an dir, ist ein Unternehmen auch bereit, zwei oder drei Monate zu warten und die Zeit zu überbrücken. Dazu kommt, dass die Firma, die du verlässt, dir im Normalfall auch keine Steine in den Weg legen wird, frei nach dem Motto: Reisende soll man nicht aufhalten ... Und auch du kannst ja Ideen entwickeln, wie sich die zu überbrückende Zeitspanne sinnvoll nutzen lässt ... beispielsweise, indem du der neuen Firma anbietest, schon mal bei einzelnen, wichtigen Terminen anwesend zu sein oder dich in der Freizeit oder am Wochenende in die neue Materie einzuarbeiten. Wichtig ist vor allem, Motivation und Entgegenkommen zu signalisieren!

Classic style,

… viele Gesichter hat der Brief

Bewerbungsbrief ist gleich Bewerbungsbrief? Keineswegs. Das klassische Anschreiben kennst du bereits, in diesem Kapitel stellen wir dir ein paar weitere Spielarten vor: Bewerbungen über das Internet, die Antwort auf eine Chiffre-Anzeige, die Bewerbung über eine Personalberatung oder auf eigene Initiative.

modern style

Bewerbungen online

Ein wichtiges Thema sind Bewerbungsanschreiben, die du per E-Mail verschickst. Ca. 50 % der freien Stellen in Deutschland werden heute bereits über das Internet vergeben, das heißt, immer mehr Firmen suchen online nach geeigneten Kandidaten und immer mehr Bewerber nutzen dieses Medium zur Jobsuche.
Das Internet bietet dir als Jobsuchende verschiedene Möglichkeiten der Bewerbung. Du kannst z. B.:

- auf den Firmen-Websites nach freien Stellen suchen und dort einen Online-Fragebogen ausfüllen;
- online ein Stellengesuch aufgeben;
- auf Stellenangebote im Internet direkt mit einer E-Mail-Bewerbung reagieren.

Sehen wir uns diese Möglichkeiten nacheinander an.

Online-Bewerbungen auf der Firmen-Website

Größere Unternehmen nutzen die eigene Firmen-Website nicht nur zur Darstellung ihres Unternehmens, sondern auch dazu, für freie Jobs geeignete Bewerber/innen zu finden. Diese Stellenangebote findest du, wenn du auf der Startseite des Unternehmens nach Rubriken wie „Jobs bei uns" oder „Job & Karriere" Ausschau hältst.
Im Normalfall gibt es zwei Alternativen für Bewerber: Entweder erwartet das Unternehmen eine Bewerbung per E-Mail, oder es stellt einen Fragebogen zur Verfügung, den der Bewerber oder die Bewerberin ausfüllen muss. Mit der Bewerbung per E-Mail beschäftigen wir uns später noch ausführlich. Jetzt zunächst zu den Fragebögen: Hier füllst du Spalte für Spalte aus. Abgefragt werden die Daten deines Lebenslaufs: Ausbildung/Studium, eventuelle berufliche Erfahrung, Praktika, Sprachkenntnisse etc. Meist gibt es ein Feld, in dem du einen kurzen Bewerbungstext frei formulieren kannst. Wenn alles fertig ausgefüllt ist, einfach auf „Senden" klicken. Wenn das Unternehmen Interesse hat,

bekommst du eine Nachricht per E-Mail oder einen Anruf. Manche Unternehmen, wie z. B. Siemens, bieten einen umfangreichen Fragebogen zum Ausfüllen an und wünschen zusätzlich noch ein kurzes Anschreiben und einen Lebenslauf per E-Mail. Nicht vergessen: die eigene Telefonnummer und E-Mail-Adresse angeben.

Das eigene Stellengesuch

Warum nicht eine Stellenanzeige aufgeben? Eigeninitiative von Bewerberinnen ist immer gefragt. Mit einem Stellengesuch zeigst du, dass du aktiv bist und dass du weißt, was du willst und was du anzubieten hast. Im Internet hast du die Möglichkeit, über ein kostenloses Stellengesuch bei Jobbörsen und Stellenmärkten (Adressen siehe Seite 25) auf dich aufmerksam zu machen. Wichtig dabei ist, dass du die richtige „Umgebung" für dein Stellengesuch ausfindig machst. Es gibt im Internet sowohl allgemeine Stellenmärkte als auch Jobbörsen für spezielle Berufsgruppen. Um die für dich richtige Adresse zu finden, besuchst du ganz einfach die Stellenmärkte: Inserieren hier Firmen, die für dich interessant sind? Passt dein Berufsprofil zu den Stellenangeboten? Gibt es vielleicht einen Extra-Stellenmarkt für Ausbildungsplätze?
Genau wie auf den Firmen-Websites findest du hier meist Fragebögen, die die Daten deines Werdegangs Punkt für Punkt erfassen. Gute Jobbörsen arbeiten mit ausgefeilten Fragebögen, in denen die Qualifikationen, Berufsstationen, Sprachkenntnisse, Auslandserfahrungen und Ziele der Bewerber abgefragt werden. Hast du deinen Fragebogen ausgefüllt, abgesendet und damit dein Stellengesuch „geschaltet", bekommst du bei Interesse von Firmen passende Stellenvorschläge per E-Mail. Die Initiative bleibt aber weiter dir überlassen. Du entscheidest, ob du mit den Unternehmen in Kontakt treten willst oder nicht.

In einem Satz: Das bin ich!

Wichtig für den Erfolg ist vor allem das Feld „Titel" oder „Headline". Hier musst du eine informative, knackige Überschrift für deine Online-Bewerbung formulieren – das ist der Platz für Originalität und Selbstdarstellung. Also bloß keine Plattitüden und Phrasen! „Hoch motivierte" Mitarbeiterinnen, die eine „Herausforderung suchen", „talentiert und engagiert“ sind, gibt es bereits wie Sand am Meer. Da musst du als „Hingucker“ schon etwas Persönlicheres finden. Die Überschrift sollte so konkret wie möglich sein, ganz nach dem Motto: Das kann ich! Das habe ich zu bieten! Da will ich hin! Zwei gelungene Beispiele dafür: „CNC-Technikerin sucht neuen Arbeitsbereich im Außendienst“ oder „Erfahrene Online-Redakteurin sucht Herausforderung im Bereich Wirtschafts- und Börsen-News“.

Der Text deines Stellengesuchs

Etwas mehr Platz für Selbstdarstellung bietet das Textfeld, in dem du dein Stellengesuch frei formulieren kannst. Auch hier gilt: In der Kürze liegt die Würze, denn die Anzahl der Zeichen ist begrenzt (z. B. auf 2000 Zeichen bei Jobpilot.de). Auch wenn ein Stellengesuch bei Jobbörsen kostenlos ist: Mit einem seitenlangen Anzeigentext machst du keinen guten Eindruck. Zeit ist auch im Internet Geld. Entwirf den Text in aller Ruhe und lass ihn von Freunden gegenlesen.

- Konzentriere dich auf die wesentlichen Informationen.
- Benenne diejenigen Fähigkeiten und Qualifikationen, die unmittelbar mit deiner angestrebten Tätigkeit zu tun haben.
- Gestalte den Anzeigentext prägnant und zielgerichtet! – Was würde die Vorgesetzte an einer Bewerberin interessieren?

Ein Beispiel für ein gelungenes Online-Stellengesuch:

> **Überschrift/Titel:** Berufseinsteigerin sucht Herausforderung im Wissensmanagement
> **Text:** Linguistin, M.A., 25, möchte ihre fundierten Kenntnisse im Bereich Semantik und IT (Parser-Technologien) in die Erarbeitung und den Aufbau von kundenspezifischen Wissensnetzen einbringen. Ich kann hervorragend mit Menschen umgehen und habe Erfahrung in der Konzeption und Durchführung von Seminaren.

Was ist an dieser Stellenanzeige gut?

Gleich in der Headline formuliert die Kandidatin, wo sie hin will. Im Text kommt sie ohne Umschweife auf das Wesentliche zu sprechen: Sie benennt den angestrebten Tätigkeitsbereich genau und zählt jene Kenntnisse auf, die sie dafür qualifizieren. Wichtige Schlüsselqualifikationen wie ihre Fähigkeit, gut mit Menschen umgehen zu können, runden das Bild der Kandidatin ab.

E-Mail-Bewerbungen

Für Bewerbungen per E-Mail gilt Ähnliches wie für die Bewerbungen per Post. Zu einer vollständigen Bewerbung gehören: Anschreiben, Lebenslauf, Foto, Zeugnisse und gegebenenfalls weitere Unterlagen wie z. B. Arbeitsproben. In der Regel teilen die Unternehmen in der Ausschreibung einer Stelle genau mit, welche Unterlagen sie sehen wollen. Manchmal erbitten sie zunächst auch nur eine Kurzbewerbung mit Anschreiben und Lebenslauf. Wenn deine Bewerbung für das Unternehmen interessant ist, wirst du anschließend aufgefordert, die Zeugniskopien und das Foto per Post nachzuschicken.

Woran erkennst du, ob die betreffende Firma deine Bewerbung als E-Mail und nicht per Post erwartet?

Immer häufiger werden Bewerber direkt in den Stellenanzeigen aufgefordert, sich per E-Mail vorzustellen. Die Vorteile liegen auf der Hand: Die betreffende Firma ist schnell erreichbar, die Unterlagen sind leicht zusammenzustellen und kriegen auf dem Postweg keine Eselsohren. Im Büro des Empfängers stapeln sich keine Papierberge, der personelle und zeitliche Aufwand ist geringer und alle Beteiligten sparen Porto. Die Unternehmen der IT-Branche machen davon zum Beispiel gern Gebrauch.

Auch wenn du das Stellenangebot auf einer firmeneigenen Website entdeckt hast, ist eine E-Mail-Bewerbung angebracht. In letzterem Fall lohnt sich immer ein kurzer Anruf vorab: Ist das Stellenangebot noch aktuell? Nicht jede Firma bringt ihre Homepage permanent auf den neuesten Stand. Wer ist der Ansprechpartner für die Bewerbung? Frag

nach der korrekten Schreibweise seines Namens und der E-Mail-Adresse. Versende auf keinen Fall E-Mails an eine Adresse ohne genauen Adressaten, denn eine E-Mail an z. B. **info@unternehmen.de** versandet in den meisten Fällen im (N)irgendwo.
Ansonsten gilt: Sobald zusätzlich zur Kontaktadresse bzw. dem Namen des Ansprechpartners in der Stellenanzeige eine E-Mail-Adresse angegeben ist, kannst du davon ausgehen, dass eine Online-Bewerbung möglich, wenn nicht sogar gefragt ist. Faustregel: Je größer und moderner das Unternehmen, desto gängiger diese Bewerbungsform. Bist du dir unsicher, ruf einfach im Sekretariat an und erkundige dich, welche Variante dem Unternehmen lieber ist.

Schnell, aber nicht schludrig

Da das Internet vor allem ein schnelles Medium ist, verleitet es dazu, Fehler zu begehen: E-Mail-Bewerbungen werden häufig nicht mit der nötigen Sorgfalt und Aufmerksamkeit verfasst. Nachlässigkeiten treten nicht nur bei der Rechtschreibung (Tippfehler!) auf, sondern auch bei der Formulierung des Inhalts. Die Folge sind wenig aussagekräftige Anschreiben und Lebensläufe. Auch Bewerbungen per E-Mail müssen gut durchdacht und strukturiert werden, genau wie die Unterlagen, die du per Post verschickst.

TIPP | E-MAIL-BEWERBUNGEN

- *Verschick diese nur an eine persönliche Kontaktadresse.*
- *Bezeichne in der Betreff-Zeile die genaue Position, für die du dich bewirbst (z. B. Mediengestalterin Digital-/Printmedien, Medienoperating).*
- *Benenne deine wesentlichen Qualifikationen und Erfahrungen, die mit der angestrebten Stelle in Zusammenhang stehen. (Beispiele für E-Mail-Anschreiben auf den Seiten 95 und 98)*

Das Online-Anschreiben als E-Mail

Ob du dein Anschreiben in die Mail packst oder bereits als erstes Attachment anhängst, ist eine Glaubensfrage. Beides ist möglich, trotzdem empfehlen wir die Variante des direkten Einstiegs: Gestalte die Mail als Anschreiben (Beispiele siehst du auf den Seiten 95 und 98 in diesem Buch). In diesem Fall kann der Empfänger die wichtigen Informationen direkt beim Öffnen der Mail lesen und muss nicht – ohne überhaupt zu wissen, worum es geht – gleich als ersten Schritt Attachments anklicken. Denn Achtung: Gerade wenn die Personalchefin gestresst ist – die „Löschen"-Taste befindet sich in gefährlicher Nähe! Außerdem gibt es Firmen, die aus berechtigter Angst vor eingeschleppten Viren prinzipiell gar keine Attachments öffnen.
Ganz wichtig: Das Feld „Betreff" unbedingt ausfüllen! Es ist genauso ein „Hingucker" wie unsere „Betreff-Zeile" beim postalischen Bewerbungsbrief. Mails ohne Betreff-Angabe wirken unprofessionell und unseriös. Der Empfänger kann sie nicht gleich zuordnen und wird ungeduldig: kein guter Einstieg für deine Bewerbung.
Nenne in der Betreff-Zeile (genau wie in der Überschrift beim Online-Fragebogen) die genaue Position, auf die du dich bewirbst. Also z. B.: „Bewerbung als Fotomedienlaborantin".

Der Inhalt des Online-Bewerbungsanschreibens

Im Prinzip ist so ein Online-Bewerbungsanschreiben nichts anderes als ein Anschreiben, das auf dem Postweg verschickt wird. Allenfalls sollte es noch knackiger und prägnanter dein Anliegen präsentieren.
Die optimale Länge ist eine halbe Seite Text. Bedenke, dass lange Dokumente auf dem Bildschirm mühsamer zu lesen sind. Gliedere deshalb auch das Online-Anschreiben in übersichtliche Abschnitte.

Das „Drumherum“: Datum, Adressfeld, Absenderfeld

Den richtigen Ansprechpartner hast du ja mit deinem Anruf schon ermittelt. Er wird namentlich angesprochen, seine E-Mail-Adresse wird in den Kopfzeilen automatisch genannt. Damit hat sich das Thema Adresse auch schon erledigt: Hier reicht die E-Mail-Adresse vollkommen aus.
Sparen kannst du dir auch das Datum, das ja sowieso in der Kopfzeile der Mail vom Computer angegeben wird.
Wichtig: das Absenderfeld. Es gibt keine DIN-Vorschriften, die dir vorschreiben, wo der Absender zu finden sein soll (Deine E-Mail-Adresse wird ja ebenfalls automatisch oben angegeben). Trotzdem sollte der Empfänger auf einen Blick erkennen können, wer ihm da geschrieben hat. Setz deshalb dein Absenderfeld unter deine Unterschrift. Dazu gehören deine Telefonnummer und noch einmal deine E-Mail-Adresse.
Beispiel:

> Mit freundlichen Gruessen
>
> *Svetlana Schonlein*
> Schmusegasse 3
> 77655 Senftenberg
>
> Tel.: 0 67 54/4 55 43
> E-Mail: s.schonlein@t-online.de

Attachments: Ein tabellarischer Lebenslauf als Attachment reicht für eine erste Kontaktaufnahme völlig aus. Verwende die gebräuchlichen Speicherformate: „.doc", „.txt" oder „.rtf".
Fotos werden bei der Online-Bewerbung nicht unbedingt erwartet. Sie nehmen viel Speicherplatz in Anspruch und oft leidet die Bildqualität. Wenn du allerdings die technischen Details richtig gut im Griff hast, solltest du die Gelegenheit wahrnehmen und ein (gutes!) Foto mitschicken.

TIPP | AUSFÜHRLICHE UNTERLAGEN

Weise immer darauf hin, dass du bei Interesse an deiner Person auch gerne deine kompletten Unterlagen sendest – mit der Post oder, wenn du einen Scanner hast, auch per E-Mail. Formuliere dazu einen Satz im Anschreiben, z. B.: „Bei Bedarf sende ich Ihnen gern meine kompletten Unterlagen zu."

Alles kompatibel?
Per E-Mail solltest du deine vollständigen Unterlagen (inkl. Zeugnisse etc.) nur schicken, wenn du einen guten Scanner hast, perfekt damit umgehen kannst und die eingescannten Dokumente hinterher auch noch lesbar sind. An dieser Stelle ein dickes großes, ernst gemeintes „VORSICHT"! Überprüf die Qualität deiner Sendung lieber einmal zu viel als einmal zu wenig. Schick Freunden das ganze Bewerbungspaket mit Attachments zur Probe, und zwar am besten auf einen PC und auf einen Mac. Erst wenn in beiden Versionen alles ordentlich und lesbar, ohne Konvertierungsschwierigkeiten angekommen und zu öffnen ist, mailst Du deine Bewerbungsunterlagen an das Unternehmen, das dich interessiert. Vorsichtshalber solltest du die Umlaute (mit denen es bei Übertragungen schon mal Ärger gibt) ausschreiben (also statt „ä" „ae" statt „ü" „ue"). Außerdem ist es sicherer, aus einem „ß" ein „ss" zu machen.

Bewerbungen auf Chiffre-Anzeigen

Hast du es mit einer chiffrierten Stellenannonce zu tun, möchte das Unternehmen seinen Namen schützen und ungenannt bleiben. Hier kann die Anrede deines Briefs natürlich auch nur entsprechend anonym sein („Sehr geehrte Damen und Herren“ ist in diesem Fall genau die richtige Anrede.) Der sonst unbedingt geforderte persönliche Zuschnitt des Briefes auf ein bestimmtes Unternehmen ist nicht möglich, da du ja nicht weißt, um wen es sich handelt. Du kannst also nur deine eigene „Vision“ beschreiben.

In den meisten Fällen erwarten Unternehmen auch bei einer Chiffre-Anzeige eine komplette Bewerbungsmappe mit Begleitanschreiben. Fehlt dazu jede Angabe im Text, kann es auch sinnvoll sein, für eine erste Kontaktaufnahme mit einer so genannten Kurzbewerbung, d. h. mit dem Anschreiben plus Lebenslauf, zu reagieren. Hier ist auch wieder der Hinweis wichtig, dass du gern die kompletten Unterlagen nachreichst: „Gern schicke ich Ihnen bei Interesse meine kompletten Unterlagen zu.“

Ein Beispiel:

> Zur Verstärkung unseres Teams suchen wir zum nächstmöglichen Zeitpunkt eine/n junge/n dynamische/n
>
> **Texter/Conceptioner m/w**
>
> Wir sind eine junge Werbeagentur, die sich auf den Bereich Online-Werbung spezialisiert hat.
>
> Bitte senden Sie Ihre aussagekräftigen Bewerbungsunterlagen an:
> # 6775789
> Heidelberger Tageblatt
> Postfach 50 43
> 65443 Heidelberg

Der Sperrvermerk

Um nicht Gefahr zu laufen, sich versehentlich bei der eigenen Firma zu bewerben, kann man die Bewerbungsunterlagen mit einem Sperrvermerk kennzeichnen. Geht ganz einfach: Du beschriftest den Bewerbungs-Umschlag mit der Chiffre-Nummer, dem Namen und dem Erscheinungstag der Zeitung, und steckst ihn in einen extra Umschlag, auf dem nur die Adresse der Anzeigenabteilung der jeweiligen Zeitung steht. Darin befindet sich ein zusätzliches Anschreiben an die Anzeigenabteilung, dass der Umschlag mit der Bewerbung nicht an die Firma XY weitergereicht werden darf, sollte es sich bei der Chiffre-Anzeige um diese handeln.

Der Weg über die **Personalberatung**

Wer darauf achtet, wird häufig Stellenanzeigen von Unternehmen finden, die eine Personalberatungsfirma zwischenschalten. Der Arbeitgeber – häufig ein größeres Unternehmen – schlägt damit zwei Fliegen mit einer Klappe:

- Die Firma selbst kann anonym bleiben.
- Geschulte Personal-Profis treffen eine Vorauswahl, sodass sich der Arbeitgeber nicht selbst durch die zu erwartende Flut von Bewerbungen kämpfen muss.

Gründe für eine anonyme Anzeigen können beispielsweise folgende sein:

- Ein Unternehmen expandiert oder nimmt interne Umstrukturierungen vor, die die Kunden und vor allem die Konkurrenz nicht unbedingt mitbekommen sollen.

- Firmenintern soll Unruhe vermieden werden, die durch das Bekanntwerden von geplanten Kündigungen, bzw. Neueinstellungen ausgelöst werden könnte.
- Betriebe mit einem schlechten Image versuchen auf diese Art, Berührungsängste von Bewerbern zu umgehen. Lass dich von der Anonymität aber nicht abschrecken. Spätestens wenn deine Bewerbung auf Interesse stößt und die Firma Kontakt zu dir aufnimmt, erfährst du ja, um wen es sich handelt, und du kannst immer noch entscheiden, ob du die Bewerbung aufrechterhalten willst.

Die Strategie für dein Anschreiben

Zuerst brauchst du einen wirklich guten Anlass, um bei der betreffenden Personalberatung anzurufen. Studier den Anzeigentext genau: Was ist für dich unklar? Ist eine Formulierung schwammig, sodass du sinnvoll (!!) nachhaken solltest?

Ein Beispiel aus der Praxis: In der Anzeige eines „international tätigen Unternehmen aus der Medizinischen Technik" heißt es: „Möglichst gutes Englisch setzen wir voraus. Andere Sprachkenntnisse sind wünschenswert." Okay, hier solltest du ansetzen: Du sprichst fließend Schwedisch und Norwegisch – vielleicht ist das Unternehmen ja stark im skandinavischen Raum vertreten?

Nun rufst du den in der Anzeige genannten Ansprechpartner in der Personalberatungsfirma an. Eine solche Vorabinformation wird im Normalfall direkt angeboten: „Für telefonische Rückfragen steht Ihnen unser Berater, Herr Norbert Nachwuchs, zur Verfügung." Du führst also ein freundliches Gespräch mit Herrn Nachwuchs.

Die Art, wie du telefonierst, spiegelt dein Wesen wider. Der Gesprächspartner hört deine Stimme und „macht sich ein Bild" von dir. Dieses „Bild" kannst du durchaus positiv beeinflussen.

Kleines Einmaleins für freundliche Telefonate

- *Lächle beim Telefonieren, dann klingt deine Stimme freundlicher.*
- *Schaffe Vertrauen, indem du versuchst, die sympathischen Seiten deines Gesprächspartners zu entdecken. Wenn es gelingt, wirst du merken, dass dann auch deine Stimme warmherziger und freundlicher klingt.*
- *Die Art und Weise, wie du dich gerade fühlst, wirkt sich auf deine stimmliche Ausstrahlung aus. Diese Wahrnehmung wird auch durch Faktoren wie eine korrekte Kleidung, ein Make-up, ein Haarstyling etc. beeinflusst. Also telefoniere nicht im Schlafanzug, deine Ausstrahlung wird sonst ungefähr so peppig wie ein Bettsocken sein!*
- *Deine Stimme klingt dynamischer, wenn du beim Telefonieren stehst oder dich sogar durch den Raum bewegst. Wenn du deine Sätze mit Gesten unterstreichst, klingt es noch lebhafter.*

- *Es reicht nicht, sich eine gute Frage für Herrn Nachwuchs überlegt zu haben. Hör auch genau zu, was er antwortet und reagiere darauf.*
- *Halte Zettel und Stift bereit, um dir Namen, Daten und sonstige Informationen zu notieren. In der Aufregung vergisst du sie sonst leicht: Unsere Zuhörfähigkeiten sind nämlich sehr unterentwickelt. Und wenn wir – wie beim Telefonat – nur auf unseren Gehörsinn angewiesen sind, bleibt noch weniger hängen, als wenn wir den Gesprächspartner live vor uns haben.*
- *Wenn du dir nicht sicher bist, alles richtig verstanden zu haben, gibt es eine elegante Möglichkeit, sich zu vergewissern. Mach deinem Gesprächspartner zunächst ein Kompliment, z. B.: „Ihre Ausführungen sind sehr interessant, und mir liegt viel an dieser Bewerbung. Deshalb erlauben Sie mir bitte – um ganz sicherzugehen, dass ich Sie richtig verstanden habe – noch mal kurz zusammenzufassen: Sie sagten also, Ihr Mandant ist überwiegend im skandinavischen Raum und in den USA tätig. Deshalb sind folgende Sprachkenntnisse von Vorteil ...“*

Anschließend schickst du dein Anschreiben (mitsamt deinen kompletten Unterlagen) an Norbert Nachwuchs persönlich und beziehst dich auf das „freundliche und informative“ Telefonat mit ihm.
Ziel deines Anschreibens muss es sein, Norbert Nachwuchs' Interesse so weit zu wecken, dass er deine Bewerbungsmappe an den zuständigen Personalentscheider in dem betreffenden Unternehmen, in dem du arbeiten möchtest, weiterleitet. Dein Brief sollte also auf jeden Fall darauf Bezug nehmen, beispielsweise mit dem Satz: „Ich freue mich, wenn Sie meine Unterlagen an Ihren Mandanten weiterreichen.“
Bring im Anschreiben möglichst nur ein „Verkaufsargument“, das für dich als optimale Kandidatin spricht, mehr nicht. Du musst dir das so vorstellen: Norbert Nachwuchs betreut zurzeit fünf Unternehmen, für die er Anzeigen geschaltet hat. Täglich gehen bei ihm unzählige Anschreiben für die unterschiedlichsten Berufsprofile ein. Seine Qualifikation besteht darin, Personal auszusuchen, aber er ist kein Fachmann auf dem Gebiet der Medizinischen Technik und kann dementsprechend

deine fachlichen Kompetenzen nicht wirklich einschätzen. Um bei ihm ein „Profil" zu gewinnen, ist deshalb das Vorab-Telefonat so wichtig.

Nina Naseweis – oder: was du besser vermeiden solltest

Alle Firmen, die ihre Stellenanzeigen anonym schalten – egal ob über eine Personalberatung, Arbeitszeitfirma oder Chiffre-Angabe – haben eines gemeinsam: Sie wollen ihre Tarnkappe zunächst einmal nicht lüften. „Ätsch! Ich weiß aber den Firmennamen schon!", kommt da gar nicht gut an. Solltest du also Kenntnis bzw. einen Verdacht haben, um welche Firma es sich handelt, halte dieses Wissen vornehm zurück! Nutze deine Hintergrundinformationen zunächst ausschließlich dazu, deinen Bewerbungsbrief perfekt auf die betreffende Firma zuzuschneiden.
(Ein Beispiel für eine Bewerbung bei einer Personalberatungsfirma findest du ab Seite 101)

Das Initiativanschreiben

Dieses Anschreiben ist im Gegensatz zum Begleitbrief eine Kontaktaufnahme auf deine Eigeninitiative hin. Du interessierst dich sehr für ein bestimmtes Unternehmen – da wäre es doch fatal, auf den Zufall einer Stellenanzeige zu hoffen! Stattdessen wirst du selbst aktiv. Sinn und Zweck der Sache ist es also, auf dich aufmerksam zu machen und eventuell sogar ein Bedürfnis zu wecken, das du mit deinen speziellen Fähigkeiten genau abdeckst.
Das Initiativanschreiben wird ohne komplette Bewerbungsunterlagen verschickt, allenfalls mit einem Lebenslauf oder ggf. mit einem zusätzlichen „Persönlichen Profil". Tipps und Tricks dazu bekommst du in dem Buch von Sabine Hertwig: *Die besten Tipps für den Lebenslauf*, München. 2002.
Beispiele für Initiativanschreiben findest du ab Seite 109.

Geh unkonventionelle Wege

Eine Initiativbewerbung will gut geplant – und das heißt – recherchiert sein! Sagen wir mal, dein Traum war es schon immer, als Mediengestalterin zu arbeiten. Du schlägst die Gelben Seiten auf, schreibst die ersten zehn Adressen von Werbeagenturen ab, entwirfst einen Bewerbungsbrief, bei dem du jeweils nur das Adressenfeld änderst – und fragst bei den zehn Firmen an, ob nicht zufällig eine Stelle für dich frei wird.
Was glaubst du, wie hoch die Chancen dieser Bewerbung sein werden? Hundert Punkte! Das glauben wir auch: Sie sind gleich null! Was hier beschrieben wurde, ist eine so genannte „Blindbewerbung" – ein „Un-Wort", das allerdings treffend diese Form von blindwütiger Überschwemmung irgendwelcher Arbeitgeber-Schreibtische mit ungebetener Post beschreibt.
Das alles hat nichts mit dem zu tun, was wir dir vorschlagen möchten: Suche nach unkonventionellen Wegen und Einstiegsmöglichkeiten!
Ob du in Fachzeitschriften blätterst, zu Recruiting-Messen gehst (Recruiting- oder Job-Messen sind Veranstaltungen, die dazu dienen, Unternehmen und Hochschulabsolventen zusammenzubringen), dir Vorträge anhörst, im Netz surfst – die Palette der Möglichkeiten ist schier unbegrenzt. Wenn du dann – gezielt – ein Unternehmen anschreibst, hast du bereits eine klare Vorstellung davon entwickelt, wo du deine speziellen Fähigkeiten, Zusatzausbildungen, Problemlösungen einbringen könntest.

Beispiele

- „Beim Surfen auf Ihrer Internetseite habe ich entdeckt, dass Sie den Info-Bereich ‚Sport und Gesundheit' umfassend ausgebaut haben. Als Physiotherapeutin mit Schwerpunkt Sportmedizin kann ich Ihnen fundierte Textbeiträge zu diesem Spezialgebiet liefern."

- „Im Wirtschaftsteil der *Frankfurter Rundschau* las ich mit großem Interesse, dass Sie eine neue Produktionsstätte für Heiztechnik in meiner Heimatstadt Bad Fußwarm aufbauen werden. Meine fundierte Erfahrung im Bereich der Gebäude- und Anlagentechnik sowie mein Ansatz, Ihre Niederlassung als ‚Profitcenter' aufzubauen, machen mich zur geeigneten Kandidatin für eine Position in der ‚Niederlassungsleitung Bad Fußwarm'."

Eine pfiffige Idee, ein origineller Ansatz – das ist es, was Arbeitgeberherzen höher schlagen lässt – und deinem Anschreiben mit Sicherheit die wohlverdiente Aufmerksamkeit sichert. Es geht darum, ein Bedürfnis zu wecken. Dein Ansprechpartner muss das Gefühl bekommen, das ihm etwas ganz Entscheidendes fehlen wird, wenn er dich nicht einstellt. Schon in der Bezugszeile kannst du kreativ aus dem Vollen schöpfen. Hier muss kein langweiliges „Bewerbung um …" auftauchen. Wie wär's mit einem Verkaufs-Slogan, der deine Qualitäten knackig auf den Punkt bringt?
„Suchen Sie eine Mitarbeiterin, die nicht nur Ihre Produkte, sondern auch Ihre Philosophie verkauft?" (Dann lesen Sie weiter …)
Dieses geniale, den Chef ins Mark treffende Anschreiben, dass du verfassen wirst, ist – noch mehr als der Begleitbrief zur Mappe – nach den klassischen Grundregeln der Werbepsychologie aufgebaut, auch kurz AIDA genannt.

AIDA

Attention → ***Interest*** → ***Desire*** → ***Action***

Also, nachdem du Aufmerksamkeit durch deinen originellen Einstieg erreicht hast (attention), wird man mit Interesse deine Ausführungen lesen (interest), das Bedürfnis, dich kennen zu lernen, wird schlagartig ansteigen (desire) und man greift flugs zum Telefonhörer, um dich anzurufen (action)!
So einfach ist das! Es liegt in deiner Hand.

Freche Alternative: der Kontaktbrief

Warum musst du dich eigentlich gleich so ganz offiziell bewerben?! Stell dir vor, du hast gerade eine Stelle, bist zwar ein bisschen unterfordert, aber durchaus nicht vollkommen unglücklich in deiner jetzigen Stellung ... Du verfolgst regelmäßig die Fachpresse und liest irgendwann was über ein neues Unternehmen deiner Branche, das ein ganz neues Marktsegment einführen will. Dein Interesse ist geweckt. Eine gute Gelegenheit für einen Kontaktbrief ...
Der „Kontaktbrief" ist die clevere Art, ins Gespräch zu kommen, denn du musst nicht gleich mit den Hufen scharren: „Hallo, ich will einen Job von Ihnen ...". Schließlich weißt du ja noch gar nicht, ob du wirklich wechseln willst, und eine feste Stellung gibt man heutzutage auch nicht leichtfertig auf. Du willst nur mal „vorfühlen", den anderen „beschnuppern". Deshalb also „Kontaktbrief" und nicht „Bewerbung".
Das Wichtigste, was du für einen Kontaktbrief brauchst, ist ein Aufhänger!

Beispiele

- „Ich habe Ihren Vortrag über ... gehört und möchte mit Ihnen ins Gespräch kommen ... Haben Sie auf dem Symposium kommende Woche in ... eine halbe Stunde für mich Zeit?"
- „In Ihrem Buch gehen Sie auf das Thema ... ein. Da ich mich in meiner Diplomarbeit mit Aspekten des ... beschäftigt habe, würde ich mich über die Gelegenheit freuen, mich einmal persönlich mit Ihnen auszutauschen ... Nächsten Monat bin ich für einige Tage in ..."

Für einen Kontaktbrief gibt es keine Regeln. Du stellst dich selbst vor und bringst dein konkretes Anliegen kurz und schlüssig auf den Punkt. Wie gesagt: Dein Ziel ist nicht ein Jobangebot, sondern du streckst lediglich die Fühler aus ...

Triff doch gleich ins Schwarze

Noch ein Tipp für deine Strategie „Eigeninitiative“: Auch was den Ansprechpartner angeht, darfst du ruhig mal ungewöhnliche Wege gehen. Besonders bei Initiativanschreiben kann es sinnvoll sein, sich nicht an die Personalabteilung (die eigentlich der Ansprechpartner wäre) zu wenden, sondern direkt an den zuständigen Vorgesetzten. Schick deine Initiativbewerbung an ihn persönlich! Er ist der Fachmann, der deine Kompetenzen wirklich einschätzen kann und ihn kannst du auf die Idee bringen, eine neue Stelle einzurichten. Bei der Personalabteilung wirst du in dieser Hinsicht nur schwerlich ein Bedürfnis wecken ...

To do or not to do

… von Fehlern, Fettnäpfchen & Co.

Eselsohren, Schmutzflecke, Tippfehler – kann alles passieren, schon klar, aber bitte nicht im Bewerbungsbrief!!! Welche Pannen unverzeihlich sind, ob verschiedene Branchen einen unterschiedlichen Stil bevorzugen und wie der Sicherheitscheck für deine Bewerbung aussieht, liest du in diesem Kapitel.

Das Pannen-Abc

Okay, weil du es bist! Hier kommt sie – die ultimative Liste der fatalen Fehltritte! Auf einen Blick findest du alles, was du bei einem Bewerbungsanschreiben tunlichst vermeiden solltest:

Weichmacher nur für Warmduscher!

- Vermeide alles, was deinen Text saft- und kraftlos macht. Dazu gehören Konjunktiv-Formulierungen wie: „... wäre diese Aufgabe für mich eine schöne Herausforderung ...". Muss doch nicht sein! Viel knackiger klingt: „... ist diese Aufgabe eine schöne Herausforderung für mich ..." „Meine Stärken sind ..."
- Dasselbe gilt für Passiv-Formulierungen: „...hat sich mir erschlossen ..." oder „ist bei mir ein Perspektivenwechsel erfolgt ..." Drück dich so dynamisch aus, wie du bist! Du bist die aktive, handelnde Person! „Ich interessiere mich besonders für ..." oder „ich habe meine berufliche Perspektive erweitert ..."
- Vermeide indirekte Formulierungen wie: „Vielleicht sollte man ..." oder „Man ist ..." Nimm immer konkret Bezug, das heißt, formuliere es mit: „Ich bin ...", „Wir haben ...", „Sie planen ..." etc.

Tausend Tabus

Drucke keine Briefvorlagen aus dem Word-Programm für dein Anschreiben aus. Auf die Idee ist schon manche vor dir gekommen, und die Vorlagen sind in den Personaletagen bestens bekannt! Besonders, wenn sie so schöne Details enthalten wie „Unser Zeichen ..." „Ihr Zeichen ..." Igittigitt! Hände weg!

Käpt'n Klau-Bär

Oh, nein! Denk nicht mal dran! Klar stehen in Ratgebern und Bewerbungshandbüchern immer wunderschön klingende Beispiele von Anschreiben. Darauf sind wir auch stolz ... Aber tu's bitte nicht – kupfer nicht einen dieser Beispielbriefe ab, indem du einfach nur die Namen austauschst! Stell dir vor, andere BewerberInnen hatten zufällig auch unser Buch in den Fingern und haben es genauso gemacht! Brrrrr ... Wie peinlich!

Von hinten durch die Brust ins Auge

„... war mir bei den übertragenen Aufgaben immer ein Positivum." Alles klar! „... in den sensibelsten Bereichen der Firmenstrategie ..." Wie bitte, was ist los?! Leider weiß niemand, wovon du redest.

- Sag es nicht durch die Blume, sondern klar, direkt und konkret.
- Vermeide schwülstige und gestelzte Formulierungen aller Art.
- Nur weil du einen Bewerbungsbrief verfassen sollst, brauchst du dich nicht komplizierter auszudrücken als sonst!
- Orientier dich eher an deinem normalen Sprachstil. Das kommt natürlicher, unverkrampfter und überzeugender rüber.

Die goldene Regel lautet: Bewirb dich pro Anschreiben nur auf eine Stelle!
„Ich wäre Ihnen dankbar, wenn Sie meine Unterlagen konzernweit prüfen lassen." Frei nach dem Motto: Irgendwo wird sich schon ein Plätzchen für mich finden. Schließlich ist es mir egal, wo ich lande ... Motivation, Zielbewusstsein? Watt is dat denn?!
„Sollte in der Marketing-Abteilung nichts frei sein, reichen Sie doch bitte meine Bewerbungsmappe an das Controlling weiter."
Mal ehrlich: Wärst du als Chef oder besser als „austauschbare Chef-Masse" nicht auch beleidigt?
Also: Immer schön bei einem Berufsprofil bleiben, gezielt auf eine einzige Stelle hin formulieren.

Das Abc der Fehler und Fettnäpfchen

- *Anonyme Anrede („Sehr geehrte Damen und Herren ...")*
- *„Betreffzeile" bzw. Verweis, auf welche Stellenanzeige man sich bezieht, vergessen*
- *Corpus delicti: Kaffeeflecken, Ketchup, Kleckse, Fingerabdrücke*
- *Devote Formulierungen („Sollten Sie nach Durchsicht meiner Unterlagen trotzdem noch Interesse an einem persönlichen Kennenlernen ...")*
- *Eselsohren, Streifen von Druckertinte*
- *„Fortsetzungsroman" über mehrere Seiten*
- *Grammatikalische Fehler*
- *Handschriftliches Anschreiben*
- *„Ich"-Sätze aneinander reihen*
- *Jahreszahlen und Daten in Anschreiben und Lebenslauf stimmen nicht überein*

- *Kommunikationsdaten, wie z. B. Telefonnummer vergessen anzugeben*
- *Lobhudeleien („In meinen Augen sind Sie der Größte .... .")*
- *Macho-Gehabe („Sie können von Glück reden, dass ich mich bei Ihnen bewerbe ...")*
- *Nachbeten der Stellenanzeige („Sie suchen eine begabte, fleißige und flexible ..."). Der Personalentscheider weiß, was er geschrieben hat!*
- *Orthographische Pannen oder Hin-und-her-Springen zwischen alter und neuer Rechtschreibung*
- *Penibles Aufzählen der einzelnen Anlagen*
- *Quittengelbes Papier oder andere farbliche Extravaganzen*
- *Rattenschwanzartiges Aufzählen von persönlichen Qualitäten („Ich bin innovativ, entscheidungsfreudig, schnell, kreativ ..." – und vielleicht ein bisschen eingebildet?!)*
- *Standardanschreiben ohne Bezug zur Firma*

- *Tipp- und Flüchtigkeitsfehler (häufig: Anrede „Sie“ versehentlich klein geschrieben ...)*
- *Unpassende Anrede („Hallo, Herr XY!“)*
- *Vergessen zu unterschreiben*
- *Wissenschaftliche Abhandlung als Anschreiben*
- *XY leider noch ungelöst*
- *Zoten („Wenn Sie über diesen Witz lachen können, bin ich Ihre Kandidatin!“)*

Verschiedene Branchen – unterschiedlicher Stil?

Wir haben diese Überschrift bewusst als Frage formuliert, denn eigentlich kann man davon ausgehen, dass du mit diesem Buch und den Tipps und Tricks zu Inhalt und Schreibstil für alle Branchen bestens gewappnet bist. Und so ist es auch!

Trotzdem gibt es immer auch kleine, aber feine branchentypische Unterschiede, die ins Gewicht fallen. Denn nicht nur tolle Formulierungen und hinreißende Begründungen machen die Musik, sondern auch dieser ganz spezielle, passende Ton, den man treffen sollte.

Nun aber keine Panik! Das machst du mit links! Schließlich musst du dich im täglichen Leben auch ständig auf unterschiedliche Gesprächspartner und damit auf unterschiedliche „Tonlagen“ einstellen. Oder redest du mit deiner Großmutter genauso wie mit der besten Freundin oder dem Handwerker? Na also! Alles, was wir erwarten, ist ein bisschen Feingefühl:

- Bewirbst du dich bei einer Bank oder Versicherung, sollte dein Stil seriös, vertrauenswürdig und sachlich sein.
- Eine Werbeagentur würde den gleichen Brief sicher schnarchlangweilig finden. Hier kannst du ruhig etwas spritziger sein, eine witzige Idee einbauen, Einfallsreichtum und Vielseitigkeit beweisen.
- Ein junges Start-up-Unternehmen wird mit Sicherheit auch keine steifen Höflichkeitsfloskeln von dir erwarten. Aber Vorsicht: Trotzdem nie flapsig werden. Auch unkonventionelle Firmenchefs erwarten, dass sie mit „Sehr geehrter ..." angesprochen werden.

Wortkünstler stellen sich vor ...

In manchen Branchen, besonders in denen der schreibenden Zunft, gilt das Anschreiben quasi schon als „erste Arbeitsprobe". Wenn es später im Job extrem darauf ankommt, wie gut jemand formulieren kann, wie sicher sein sprachliches Ausdrucksvermögen ist, dann achtet der Arbeitgeber natürlich auch im Bewerbungsbrief besonders auf die Feinheiten des Sprachstils. Und natürlich auch auf Grammatik und Orthographie. Dieser strenge Blick trifft mit Sicherheit Leute, die sich als Journalist/in, Redakteur/in, PR-Berater/in, Autor/in, Lektor/in, o. Ä. bewerben. Ein Bewerbungsbrief dieser Berufsgruppen darf deshalb auch ruhig etwas ausführlicher ausfallen. Wie gesagt, du stellst damit ja schon dein Können unter Beweis.

Jung, praktisch begabt, sucht ...

Wenn du als Floristin, Friseuse oder Chemie-Laborantin eingestellt werden willst, musst du mit deinem Schreibstil nicht unbedingt einen Blumentopf gewinnen. Hier stehen eindeutig andere, nämlich handwerkliche und praktische Talente im Mittelpunkt des Arbeitgeber-Interesses. Trotzdem sollte es natürlich an der Grammatik und Rechtschreibung nicht hapern ...

And now

... zwölf Beispiele aus dem Leben

Aha! Theoretisch ist dir jetzt alles klar? Na super, dann Computer anwerfen und Briefe schreiben! Du willst dich erst noch ein wenig inspirieren lassen ...? Hast gehört, dass es hier noch ein paar gelungene Beispiele für Bewerbungsanschreiben gibt ... ? Na dann – viel Spaß beim Lesen!

the curtain rises

Der klassische Bewerbungsbrief

Zum Beispiel: Industriekauffrau

PROFIL Daniela Damenbart, 24

Daniela Damenbart, bei diesem Namen denken wir sofort an Berg und Tal, Wald und Aue – kurz: an unser schönes Erzgebirge, wo sich die ausgebildete Hotelfachfrau Daniela im Hotel „Grubenlicht" liebevoll um ihre Gäste kümmert.
Auch nach ihrem Umzug nach Feuerstein findet sie eine Stelle im Café Doppelkorn als Büfettiere und Oberkellnerin und wuchtet für ein Jahr kalte Platten mit Harzer Käse und Bierhumpen. Hier lernt sie auch Jan, ihre große Liebe, kennen. Doch der Kellnerjob wird langsam langweilig. Sie ergreift die Chance, sich beim Berufsförderungswerk Rammelsberg zur Industriekauffrau weiterbilden zu lassen. Die Abschlussprüfung besteht sie mit Bravour. Jetzt brennt sie darauf, eine neue, interessante Stelle zu finden. Ihr Steckenpferd: Unnachgiebige Verhandlungen mit Lieferanten über Kostenangebote und beinharte Buchhaltung.
Eines Samstags, beim Blättern in ihrer Tageszeitung, stößt sie auf folgende Anzeige und denkt: Das isses! Direkt im Anschluss an die Anzeige kannst du ihr sorgsam verfasstes Bewerbungsanschreiben lesen.

Hotel Prinz Eisenerz

– seit 1882 Traditionshotel im Familienbesitz –

Als größtes Hotel in Feuerstein setzen wir seit über hundert Jahren Maßstäbe für perfekten Service und gepflegte Gastlichkeit.
Zur Verstärkung unseres Teams suchen wir zum nächstmöglichen Zeitpunkt eine/n

Mitarbeiter/in Einkauf

In dieser Funktion koordinieren Sie souverän sämtliche Einkaufsaktivitäten wie Angebotseinholung und -vergleich, Bearbeitung der Bestellvorgänge sowie die optimale Lieferantenauswahl.
Sie wissen, was es heißt, geschickt zu verhandeln und Verträge sicher abzuschließen. Dabei sind Termintreue, Kosten- und Qualitätsbewusstsein für Sie selbstverständlich.

Ihr Profil

Sie verfügen über eine erfolgreich abgeschlossene kaufmännische Ausbildung und eine schnelle Auffassungsgabe der komplexen Arbeitsabläufe in einem Hotelbetrieb.
1- bis 2-jährige Berufserfahrung im Einkauf, ausgeprägtes Verhandlungsgeschick und selbstständiges, erfolgsorientiertes Arbeiten kennzeichnen Ihre Persönlichkeit.
Sicheres Auftreten, überdurchschnittliches Engagement und Teamfähigkeit runden Ihr Profil ab.

Unser Angebot

Wir bieten einen abwechslungsreichen Arbeitsplatz in einem renommierten Unternehmen, eine angemessene Bezahlung und ein angenehmes Arbeitsklima.

Haben wir Ihr Interesse geweckt? Dann senden Sie bitte Ihre aussagekräftige Bewerbung an:
Hotel Prinz Eisenerz
Personalabteilung
Saalestr. 8
89766 Feuerstein

Daniela Damenbart
Funzelgasse 6
89566 Feuerstein
Tel: 0 76 85-54 43
E-Mail: D.Damenbart@t-online.de

Hotel Prinz Eisenerz
Personalabteilung
Frau Doris Dösel
Saalestr. 8

89766 Feuerstein

Feuerstein, 11.02.2002

Ihre Anzeige im *Feuersteiner Tageblatt* vom 08.02.2002
Bewerbung als Mitarbeiterin Einkauf

Sehr geehrte Frau Dösel,

als ich am Samstag Ihr Stellenangebot im *Tageblatt* las, war für mich sofort die Entscheidung gefallen: Auf diese Vakanz möchte ich mich bewerben, denn Ihr Angebot passt perfekt zu meinem beruflichen Profil und meinen Fähigkeiten.

Als ausgebildete Hotelfachfrau habe ich in meiner dreijährigen Tätigkeit im Hotel- und Gaststättengewerbe umfassende Erfahrungen in diesem Bereich gesammelt. Meine eigentliche Qualifikation für Ihre Stelle besteht aber in meiner zusätzlichen Ausbildung zur Industriekauffrau, die mir sehr viel Spaß gemacht hat und die ich im November letzten Jahres beim Berufsförderungswerk in Rammelsberg erfolgreich abgeschlossen habe.

In dieser Ausbildung wurde bereits sehr viel Wert auf kaufmännische Praxis im Beschaffungsbereich und in der Materialdisposition gelegt, sodass ich mir auch einen beruflichen Einstieg in Ihrem Unternehmen durchaus zutraue.

Gern stelle ich mich persönlich bei Ihnen vor und freue mich über die Einladung zu einem Gespräch.

Mit freundlichen Grüßen

Daniela Damenbart

Anlagen:
Bewerbungsunterlagen

PROFIL Lea Linse, 20

Zu ihrem zwölften Geburtstag bekommt Lea ihren ersten Fotoapparat geschenkt. Die ganze Familie und natürlich ihre sämtlichen Freundinnen sind eingeladen. Lea macht von jedem Gast eine Porträtaufnahme und verschickt sie anschließend mit der Post als Erinnerung an ihr Geburtstagsfest. Eine nette Idee, aber für Lea ist es mehr als das: Es ist die Entdeckung einer großen Leidenschaft. Sie beginnt sich für Fototechnik und die ausgefeiltesten Linsen und Objektive zu interessieren und liest als Teenager lieber Fotofachzeitschriften als die *Bravo*.

Während der Sommerferien kommt sie über familiäre Beziehungen an ein vierwöchiges Praktikum in der Bildredaktion einer großen Nachrichtenagentur. Die digitale Bildbearbeitung mit ihren unendlichen technischen Möglichkeiten fasziniert sie, die Arbeit am Computer macht ihr Spaß. Bald hat Lea das Abitur in der Tasche und ihr Berufswunsch steht bereits fest: Mediengestalterin. Über eine Jobbörse findet sie folgende Anzeige für einen Ausbildungsplatz und schickt direkt am nächsten Tag ihre Bewerbung ab.

Ausbildungsplatz (Referenz-Nr.: 200 877 65)

Mediengestalter/in für Digital/Printmedien, Fachrichtung Medienoperating

Firma: Medienbüro Weiss & Schniedel
Dienstsitz: 87665 München
Beschreibung des Unternehmens: Das Medienbüro ist die Erweiterung eines Pressebüros unter Berücksichtigung der visuellen Ebene. Das siebenköpfige Redaktionsteam versorgt die Fachpresse seit Jahren mit Technik- und Testberichten aus den Bereichen Foto und Video.
Branche des Unternehmens: Medien (Film, Funk, TV, Verlag)
Anzahl der Praktikumsplätze: 1

Der Ausbildungsberuf

Berufsfeld: EDV
Aufgaben: Erstellen von Fachartikeln rund um die Unterhaltungsmedien, Testen und Anwendung von Authoringprogrammen für die DVD-Produktion, Arbeiten mit Videoschnittprogrammen.
Frühester Beginn: 01.07.2002
Dauer: 3 Jahre
Vergütung: ca. 600 Euro
Anforderungen: sehr gute Deutschkenntnisse, Engagement, Fortgeschrittene PC-Kenntnisse. Wünschenswert sind Erfahrungen mit Fotografie oder Videotechnik
Mindestens benötigter Schulabschluss: Abitur/Matura

Der Ausbildungsablauf

Theoretische Ausbildung: Berufsbegleitend an der Berufsschule 1 x wöchentlich
Praktische Ausbildung: im Betrieb in Projektarbeit
Tätigkeit nach der Ausbildung: Mediengestalter/in

Kontakt:
Medienbüro Weiss & Schniedel
Ansprechpartner: Herr Steffen Schniedel
Abteilung: Geschäftsleitung
Senfgurkenstr. 16, 87665 München
Telefon: 09776/54432

Lea Linse
Spatzengasse 6
80998 München
Tel. u. Fax: 089/566 43 32
E-Mail: llinse@t-online.de

Medienbüro Weiss & Schniedel
Herrn Steffen Schniedel
Geschäftsleitung
Senfgurkenstr. 16

87665 München

München, 20.02.2002

Bewerbung um einen Ausbildungsplatz als Mediengestalterin für Digital-/Printmedien, Fachrichtung Medienoperating

Sehr geehrter Herr Schniedel,

nach vielen Jahren begeisterter Beschäftigung mit Fotografie und Bildbearbeitung möchte ich meine Leidenschaft zum Beruf machen und bewerbe mich hiermit bei Ihnen um die Ausbildung zur Mediengestalterin.

Während eines Praktikums in der Bildredaktion von dpa und durch private, intensive Beschäftigung mit neuester Fototechnik habe ich bereits einen Einblick in den Bereich digitale Bildbearbeitung erhalten.
Ende Juni dieses Jahres werde ich meine Schullaufbahn mit dem Abitur abschließen und könnte Ihnen ab August zur Verfügung stehen.

Ich freue mich auf die Einladung zu einem Vorstellungsgespräch.

Mit freundlichen Grüßen

Lea Linse

Zum Beispiel: Wissenschaftliche Mitarbeiterin bei einer Stiftung

PROFIL **Petra Pirogge, 26**

Petra interessiert sich für die Geschichte und Entwicklung Osteuropas, nicht zuletzt, weil ihre Familie ursprünglich aus Russland stammt. Ihr Promotionsstudium in Ethnologie mit den Nebenfächern Slawistik und interkulturelle Kommunikation eröffnet ihr viele Möglichkeiten, sich mit dem deutsch-russischen Kulturdialog zu beschäftigen. Dazu gehören natürlich auch Auslandsaufenthalte, wie zum Beispiel ein Jahr Auslandsstudium in Moskau, in dem sie fließend Russisch lernt. Während des Studiums bekommt sie über ein Stipendium des DAAD die Gelegenheit, über mehrere Monate ethnographische Feldforschung in Sibirien und Kirgisien zu betreiben. Nach ihrer Rückkehr nach Deutschland wird sie Mitbegründerin und aktives Mitglied der Regionalgruppe „Förderung Kirgisiens" innerhalb der Deutschen Gesellschaft für Völkerkunde.

Als Mitinitiatorin eines humanitären Hilfsprojektes in Sibirien, das sich um die Organisation und Durchführung von medizinischen Hilfsmaßnahmen und Schulspeisungen kümmert, sammelt sie intensive Erfahrungen im Management eines interkulturellen Projektes und beschließt, nach Abschluss ihres Studiums ihre berufliche Entwicklung in diesem Bereich fortzusetzen. Doch zunächst arbeitet sie ein Jahr als Assistentin der Bibliotheksleiterin am Osteuropa-Institut in Hamburg, wo sie mit dem Redigieren von Texten und der Buchführung betraut ist. Die richtige Herausforderung für Petra ist das noch nicht. Sie sucht eine Aufgabe, die ihr Entwicklungsspielraum bietet, sowie eine Institution, mit der sie sich identifizieren kann. In der Fachzeitschrift *Osteuropa im Wandel* entdeckt sie eine sehr interessante Stellenanzeige der Stiftung Kulturdialog.

Stiftung Kulturdialog
sucht
wissenschaftliche/n Mitarbeiter/in

Die Stiftung Kulturdialog ist eine gemeinnützige Stiftung mit operativen Projekten in Bildung, Wissenschaft und Völkerverständigung. Mit YOU IN EUROPA, einem Netz unabhängiger nationaler Wettbewerbe für Schüler und Jugendliche, engagieren wir uns für den historisch-politischen Dialog und die interkulturelle Verständigung in Europa.

Anforderungen:

- Abgeschlossenes Studium der Sozial- oder Geisteswissenschaften mit besonderer Orientierung.
- Grundlagenkenntnisse der Geschichtsdidaktik.
- Praktische Erfahrungen in interkultureller Zusammenarbeit, auch im Ausland.
- Sehr gute Englischkenntnisse und Kenntnis einer slawischen Sprache.
- Spaß am Redigieren und Erstellen von journalistischen Texten, auch in Englisch.
- Teamfähigkeit, Bereitschaft zu überdurchschnittlichem Engagement.

Zuschriften unter Angabe Ihrer Gehaltsvorstellungen und des frühesten Einstellungstermins an: Frau Dr. Tschechov, Personalabteilung, Postfach 64 60 40, 40344 Hamburg

Petra Pirogge
Ostwärtsdamm 6/7
56632 Oschingen
Tel./Fax: 0 99 87/6 55 44
E-Mail: pirogge@yahoo.com

Stifung Kulturdialog
Personalabteilung
Frau Dr. Tanja Tschechov
Postfach 64 60 40

40344 Hamburg

Berlin, 10. März 2002

Ihre Anzeige vom 2.3.2002 in der Fachzeitschrift *Osteuropa im Wandel*

Sehr geehrte Frau Dr. Tschechov,

als Slawistin und Ethnologin mit praktischen Erfahrungen in grenzüberschreitenden Projekten bewerbe ich mich bei Ihnen als wissenschaftliche Mitarbeiterin.

Seit vier Jahren manage ich neben meinem Promotionsstudium mit großem Engagement ein humanitäres Hilfsprojekt für die einheimische Bevölkerung in Sibirien. Dieses Projekt ist während längerer Feldforschungs-Aufenthalte entstanden. Interkulturelle Zusammenarbeit ist mir von da her bestens vertraut.
Im Rahmen des Fundraising und der Berichterstattung für das Hilfsprojekt kann und konnte ich meine Kenntnisse im journalistischen Texten anwenden und erweitern. Englisch und Russisch spreche und schreibe ich fließend, darüber hinaus verfüge ich über Grundkenntnisse in Tschechisch.

Ich möchte gerne für Ihre Stiftung arbeiten, da mich der interkulturelle Dialog besonders interessiert, vorzugsweise im russisch-deutschen Bereich. Ich bin es gewohnt, mich schnell in neue Themen einzuarbeiten und kann sehr gut mit Jugendlichen umgehen. Zu hohem Arbeitseinsatz und Teamarbeit bin ich gerne bereit.

Eine Vergütung nach BAT IIa halte ich für angemessen. Frühester Einstellungstermin wäre der 1.8.2002. Mehr über mich auf den nächsten Seiten.

Über eine Einladung zu einem Vorstellungsgespräch freue ich mich sehr.

Mit freundlichen Grüßen

Petra Pirogge

Anlagen

Die E-Mail-Bewerbung

Zum Beispiel: Ausbildung zur Schauwerbegestalterin

PROFIL Saskia Samt, 17

Was ihre Schulnoten angeht, ist Saskia in ihrer Klasse zwar höchstens Durchschnitt, aber im Berufswahlunterricht Handarbeiten trumpft sie dafür so richtig auf. Beim Stoffe auswählen und zuschneiden ist sie so richtig in ihrem Element und wenn die Nähmaschine rattert, ist ihr Glück vollkommen.

Auch bei der Einrichtung von Räumen zeigt sich früh ihr kreatives Talent. Die Wände in ihrem Kinderzimmer sind königsblau gestrichen und mit Märchenmotiven verziert, natürlich handgemalt.

Dank ihrer Mutter, die als Gewandmeisterin am Klemmspoter Opernhaus imposante und farbenfrohe Kostüme aller Modeepochen näht und auch privat Freunde und Bekanntenkreis mit selbst gefertigten Klamotten bestückt, lernt Saskia schnell, Samt und Seide zu unterscheiden. Ihr Vater kann als Standesbeamter ihre handwerkliche Begabung nicht ganz so gezielt unterstützen. Aber auch sonst macht er seinem Beruf keine Ehre und reicht die Scheidung ein, als Saskia 14 ist. Der Bruch in der Familie macht Saskia schwer zu schaffen und die Noten rutschen weiter ab. Sie beschließt, die Gesamtschule mit dem Realschulabschluss zu verlassen und sich eine Lehrstelle zu suchen.

Am PC ihrer Cousine recherchiert sie in den Jobbörsen im Internet, die meist eine eigene Suchmaschine für Ausbildungsplätze anbieten. Saskia entdeckt eine für sie wie geschaffene Lehrstelle als Schauwerbegestalterin in einer großen Möbelhauskette, die vielfältige Entwicklungsmöglichkeiten und die spätere Übernahme in einer der Filialen in Aussicht stellt.

Die Stellenanzeige

Der Ausbildungsbetrieb:	**Wohnwelt Deutschland Verkaufs-GmbH**
Ausbildungsberuf:	**Schauwerbegestalter/in**
Einsatzort:	342312 Holzingen
Anzahl der Plätze:	3
Berufsfeld:	Handwerk
Aufgaben:	handwerkliche Tätigkeiten, Kennenlernen und Anwenden von Stilgruppen, Aufbau u. Dekoration von Musterzimmern, Planung und Erstellung von Musterzimmern
Frühester Beginn:	01.09.2002
Dauer:	3 Jahre
Schulabschluss:	Mittlere Reife/Sekundarstufe
Anforderungen:	Mathe/Deutsch/ Arbeitslehre mind. Note 3, Selbstständigkeit, Kreativität
Theoretische Ausbildung:	Skizzentechniken, Stilkunde, Arbeiten mit Licht, Farbgestaltung
Praktische Ausbildung:	Werkstattabläufe, Plakatmalerei, teilweise eigene Projekte
Tätigkeit nach der Ausbildung:	Bei entsprechender Leistung Übernahme in die Abteilung „Kommunikation & Einrichtung" als Gestalter/in oder Einrichter/in möglich

Kontakt:
Wohnwelt Deutschland Verkaufs-GmbH
Ansprechpartner: Frau Klaudia Klappstuhl
Abteilung: Personalentwicklung
Am Rondell 6
88997 Klemmspot
E-Mail: klappstuhl@wohnwelt.de

Saskia Samt Dimmerstr. 8 88654 Klemmspot

Tel.: 0 88/45 45 45 E-Mail: samt@web.de

Wohnwelt Deutschland Verkaufs-GmbH
Frau Klaudia Klappstuhl
Personalentwicklung
Am Rondell 6

88997 Klemmspot

2002-01-04

Ihre Anzeige bei *jobpilot.de*: Bewerbung als Schauwerbegestalterin

Sehr geehrte Frau Klappstuhl,

meine Lieblingsbeschaeftigung ist es, Räume geschmackvoll zu gestalten, schoene Stoffe zu arrangieren und Dekorationen ins rechte Licht zu setzen, kurz: Mein Traum ist es, Schauwerbegestalterin zu werden. Deshalb bewerbe ich mich bei Ihnen um einen Ausbildungsplatz.

Mich fasziniert das vielfaeltige Angebot, das ein grosses Einrichtungshaus wie das Ihre seinen Kunden und Angestellten bietet, und ich sehe in einer Ausbildung in Ihrem Hause die Chance, den Beruf zu erlernen, der meinen Faehigkeiten und Neigungen genau entspricht.

Im Berufswahlunterricht Handarbeiten habe ich bereits Arbeitstechniken im Naehen erlernt. Darueber hinaus konnte mir meine Mutter, die als Gewandmeisterin am Opernhaus arbeitet, viele Kenntnisse, u. a. auch in Stilkunde, vermitteln.

Im Sommer diesen Jahres verlasse ich die Gesamtschule von Klemmspot mit dem Abschluss der mittleren Reife. Anschliessend werde ich in einem 6-woechigen Praktikum im Malersaal des Opernhauses weitere praktische Erfahrungen sammeln.

Ueber eine Einladung zu einem Vorstellungsgespraech freue ich mich sehr.

Mit freundlichen Gruessen

Anlagen

PROFIL Svenja Smørrebrød, 26

Svenja ist einfach anders als andere schwedische Mädchen. Der Chemie-Baukasten und die Legosteine ihrer Brüder beglücken sie weit mehr als Backförmchen und Puppen. Sie wächst in einem kleinen Provinzstädtchen in der Nähe von Stockholm auf, doch nach der Grundschule ändert sich ihr Leben schlagartig: Ihrem Vater wird eine Stelle als Diplom-Ingenieur in der Nachrichtentechnik angeboten und die ganze Familie zieht nach Deutschland. Svenjas Traumberuf steht von klein auf fest: Sie will später mal Flugzeuge konstruieren. Hartnäckig und zielstrebig, wie sie nun mal ist, setzt sie sich gegen gängige Klischees zur Wehr und studiert Luft- und Raumfahrttechnik.

Es folgen drei Jahre als Diplom-Ingenieurin bei der LogoLeichtbau GmbH, in denen sie S-Bahn-Sitze, Seitenfenster und Fahrgasttüren entwickelt. Schon nach kurzer Zeit gewinnt sie durch ihre offene, direkte Art den Respekt ihrer männlichen Kollegen. Für Abwechslung ist derweil gesorgt: Die LogoLeichtbau wird in dieser Zeit zweimal komplett umstrukturiert, und Svenja lernt unterschiedliche Prozess-Ansätze kennen, so als hätte sie in verschiedenen Unternehmen gearbeitet.

Ein interessanter, sehr gut bezahlter Job, aber die Kehrseite: Überstunden ohne Ende, kein Land in Sicht. Svenja überlegt: Soll sie das Unternehmen wechseln? Mit ihrer Qualifikation eigentlich kein Problem, aber als Frau? Plötzlich kommt ihr die Idee: Warum muss sie unbedingt in der Konstruktion arbeiten? Sie könnte ihre Erfahrung doch genauso gut als Consultant einbringen?

Und plötzlich rückt ihr alter Traum von den Flugzeugen in greifbare Nähe, denn beim Durchforsten der Internetbörsen stößt sie auf folgende Anzeige, in der allerdings kein Ansprechpartner genannt ist, sodass sie erst mal einen telefonischen Kontakt aufnimmt, um diesen zu ermitteln. Anschließend schickt sie ihre Bewerbung – wie in der Anzeige gewünscht – per E-Mail ab.

Thomas.Triebwagen@turbotrans-group.com

Bewerbung als Consultant im Bereich Luft-/Raumfahrt und Kraftfahrzeugbau
***Jobpilot.de/*stellenanzeigen**

Sehr geehrter Herr Triebwagen,

auch wenn ich als Frau in einem Maennerberuf vielleicht noch eine Ausnahme bin, habe ich mit grossem Interesse Ihre Stellenausschreibung gelesen und bewerbe mich als Consultant bei Ihnen.

Im Anschluss an mein Studium der Luft- und Raumfahrttechnik begann ich meine berufliche Laufbahn im Schienenfahrzeugbau. Nach drei Jahren als Diplom-Ingenieurin im Bereich Konstruktion ist es mein angestrebtes Ziel, meine Erfahrungen nunmehr als Consultant einzusetzen.

Mein Ruestzeug besteht hier in der exzellenten Kenntnis von Fertigungsverfahren sowie einem hohen kreativen Potenzial, das – verbunden mit der Faehigkeit zu systematischer Vorgehensweise – meinen Arbeitsstil kennzeichnet.

Die LogoLeichtbau GmbH wurde in den Jahren meiner Beschaeftigung zweimal umgewandelt, was es mir ermoeglichte, die unterschiedlichsten Philosophien der Prozessgestaltung kennen zu lernen.

Gern wuerde ich mich in einem persoenlichen Gespraech vorstellen und freue mich ueber eine Einladung

Mit freundlichen Gruessen

Svenja Smørrebrød
Turbinenstr. 90
12345 Luftflotte
Tel.: 0 76/78 94 56
E-Mail: S.Smørrebrød@metronet.de

Über die Personalberatung

Zum Beispiel: Assistentin der Geschäftsführung in der Tourismusbranche

PROFIL Anna Achtersteven, 26

Anna Achtersteven liebt die Weite und einen Himmel voller Wölkchen und Möwen. Mit ihrer Karriere sieht es ähnlich aus: Anna will hoch hinaus. Ausbildung zur Reiseverkehrskauffrau, Abitur über den zweiten Bildungsweg, Studium der Betriebswirtschaftslehre mit Schwerpunkt Touristikbetriebswirtschaft. Parallel sammelt sie schon erste Berufserfahrung im Gästeservice eines Hotels und jobbt während des Studiums in einem Reisebüro.

Nun nimmt ihr Werdegang eine scharfe Kurve nach Westen: Das Land der unbegrenzten Möglichkeiten lockt mit einem Stipendium für ein Aufbaustudium an der University of Maine mit den Studienschwerpunkten Marketing, regionale Fremdenverkehrsplanung und Tourismusmanagement.

Anna Achtersteven, unsere Überfliegerin, nennt sich jetzt „Master of Business Administration" (MBA) und jettet als solche zurück nach Deutschland. Ihr altes Reisebüro will sie mit Handkuss wieder einstellen, doch Anna entdeckt über eine Stellenbörse im Internet ein spannenderes Angebot. Allerdings ist eine Personalberatung zwischengeschaltet, sodass sie zunächst nicht weiß, um welchen Kurort an der Ostseeküste es sich in der Anzeige handelt. Aber macht nichts, Anna ist frei und ungebunden. Sie reizt die Herausforderung – und als begeisterte Surferin ein herrliches Wassersportrevier!

Assistent/in der Geschäftsführung

Touristik, Veranstaltungen, Marketing

Als Kurstadt an der ostdeutschen Küste bieten wir zahlreiche touristische Attraktionen, die heute und künftig unsere Position als Reiseziel prägen. Neben der Nähe zur Küste und der Faszination eines Hafens bieten wir publikumswirksame Events, Ausstellungen und kulturelle Veranstaltungen von überregionaler Bedeutung.

Im Rahmen eines Public-Private-Partnership haben wir die Gesellschaft, in der diese Geschäftsfelder betreut werden, neu strukturiert und suchen eine/n Assistent/in der Geschäftsführung Touristik, Veranstaltungen, Marketing.

Sie haben erste Erfahrung im Incoming-Touristik-Geschäft. Marketing-Instrumentaleinsatz, operative Realisierung und Reporting sind keine Fremdworte für Sie. Die Organisation von Events und kulturellen Veranstaltungen erfüllen Sie – in Absprache mit der Geschäftsführung – selbstständig und mit Pioniergeist.

Begeisterungsfähigkeit und Elan bringen Sie ebenso mit wie Beharrlichkeit und diplomatisches Geschick. Ihre Stärken sind Kreativität und Kosten- bzw. Effektivitätsbewusstsein. Das Briefing von Druckereien und externen Agenturen ist Ihnen ebenso vertraut wie die Überwachung von Promotion-Aktionen und Media-Anbringung sowie Vertragsverhandlungen mit Dienstleistern wie Eventagenturen, Technikunternehmen, Dekorateuren etc.

Wenn Sie in dieser attraktiven Position Ihre berufliche Perspektive sehen, bitten wir um Ihre Bewerbungsunterlagen. Für weitere Informationen stehen Ihnen unsere Berater, Herr Dr. Klimmzug und Herr Kurschatten, unter der Ruf- Nr. 088 – 6773444 bzw. Frau Taube unter der Adresse Tina.Taube@tannenbaum.de. gern zur Verfügung.

Absolute Diskretion sowie die Berücksichtigung von Sperrvermerken sichern wir Ihnen selbstverständlich zu.

Ihre aussagefähigen Bewerbungsunterlagen (inkl. Foto sowie Angabe Ihrer Gehaltsvorstellung und des Eintrittstermins) senden Sie bitte unter Angabe der **Kennziffer 100 344** an die **Tannenbaum Executive Consultants GmbH, Geldregenstr. 55, 77777 Sparzulage**

Anna Achtersteven
Am Horizont 8
23456 Halsen

Tel.: 05 54-78 94 56
Mobil: 01 43-45 45 45 23
E-Mail: achtersteven@metronet.de

Tannenbaum Executive Consultants GmbH
Herrn Dr. Kurt Klimmzug
Geldregenstr. 55

77777 Sparzulage

Halsen, 13.3.2002

Unser Telefonat am 11.3.2002
Bewerbung als Assistentin der Geschäftsführung, Kennziffer 100 344

Sehr geehrter Herr Dr. Klimmzug,

zunächst möchte ich mich für das informative Telefonat am Mittwoch bedanken. Ihre freundlichen Auskünfte haben mir ein klares Bild der Aufgabenstellung vermittelt und mich in meinem Wunsch bestärkt, die ausgeschriebene Position zu übernehmen. Heute sende ich Ihnen meine ausführlichen Bewerbungsunterlagen und freue mich, wenn Sie sie an Ihren Mandanten weiterreichen.

Die Kombination aus ersten intensiven Erfahrungen in der Tourismusbranche und meinem Studium mit den Schwerpunkten Marketing, regionale Fremdenverkehrsplanung und Tourismusmanagement an der Universitiy of Maine machen mich zur geeigneten Kandidatin für diese Vakanz. Mein Studienschwerpunkt lag im Bereich Entwicklung und Umsetzung kurortrelevanter Infrastrukturplanung für den marktgerechten Auftritt einer touristischen Region.

Erfahrung in der erfolgreichen Planung und Durchführung von Veranstaltungen konnte ich bereits als Praktikantin in der Marketingabteilung des Hotels „Saturn" sammeln. Mit einem Standortwechsel an die Ostseeküste würde sich darüber hinaus für mich als leidenschaftliche Wassersportlerin ein privater Traum erfüllen.

Meine Gehaltsvorstellung liegt zwischen 32.000,- und 42.000,- Euro und ich könnte zum nächstmöglichen Zeitpunkt beginnen. Falls Sie weitere Fragen zu meinen Unterlagen, Zielen und Vorstellungen haben, bin ich unter der angegebenen Telefonnummer bzw. E-Mail-Adresse jederzeit zu erreichen.

Ich freue mich, von Ihnen zu hören.

Mit freundlichen Grüßen

Anna Achtersteven

Anlagen

Der Kontaktbrief

Zum Beispiel: Touristische Erschließung einer Region

Anna Achtersteven ist sich natürlich klar darüber, dass sie bei ihrer Bewerbung als Assistentin der Geschäftsführung eine Menge Konkurrenten/innen haben wird. Ihre konkrete berufliche Erfahrung beschränkt sich außerdem bisher nur auf ihre Studentenjobs. Dafür trägt sie immerhin den Titel „Master of Business Administration" (MBA) und hat mit ihren Aufbaustudium an der University of Maine mit den Studienschwerpunkten Marketing, regionale Fremdenverkehrsplanung und Tourismusmanagement eine sehr qualifizierte Ausbildung, die sie von ihren Mitbewerbern positiv abhebt.

Trotzdem will Anna lieber nicht nur auf einem Bein stehen und überlegt sich, was sie sonst noch in Sachen Bewerbung unternehmen könnte. Sie liest in einer überregionalen Zeitung von einem geplanten, groß angelegten Bauprojekt: Eine Halbinsel an der Ostsee, um die Jahrhundertwende als Sommerresidenz mit schmucken Ferienhäusern bestückt, zu DDR-Zeiten militärisch genutzt und zum Sperrgebiet erklärt, soll als attraktives Landschafts- und Erholungsgebiet wieder aufgebaut werden.

Klar, dass hier auch Tourismusexperten gefragt sein werden. Anna beschließt, schon jetzt – frühzeitig vor Beginn der Realisierungsphase – mit dem zuständigen Projektleiter Kontakt aufzunehmen. Welche Firma vom Land Mecklenburg-Vorpommern mit der Planung und Umsetzung betraut ist, weiß sie aus dem betreffenden Zeitungsartikel, den verantwortlichen Ansprechpartner hat sie mit einem Anruf dort ermittelt.

Anna Achtersteven
Am Horizont 8
23456 Halsen

Tel.: 05 54-78 94 56
Mobil: 01 43-45 45 45 23
E-Mail: achtersteven@metronet.de

Bauland Entwicklungsgesellschaft mbH
Herrn Detlef Deichgraf
Am Kai 44

20432 Hamburg

Halsen, 13.3.2002

Sehr geehrter Herr Deichgraf,

letzte Woche las ich den Artikel in der *Zeit* über die spannenden Entwicklungen in Boddenbruck und erfuhr, dass Ihrer Firma die Realisierung des Projektes übertragen wurde. Die dort erhaltene, wertvolle Bausubstanz zu renovieren und wieder ihrem ursprünglichen Zweck als Feriensiedlung zuzuführen, hat sicherlich ein großes touristisches Entwicklungspotenzial, ganz zu schweigen von den infrastrukturellen Impulsen, die für die gesamte Gegend von dort ausgehen werden.

Aber damit erzähle ich Ihnen nichts Neues! Stattdessen werden Sie sich fragen, was eigentlich der Anlass meines Briefes ist:
Im Hinblick auf die Erschließung der touristischen Region Boddenbruck, d. h. einer Analyse der Angebotsstruktur bis zur Entwicklung und Umsetzung einer relevanten Infrastrukturplanung wird sicherlich bald Bedarf an Spezialisten und Mitarbeitern der Tourismusbranche bestehen. In diesem Zusammenhang möchte ich gern mit Ihnen ins Gespräch kommen.

Von Interesse wird dabei für Sie sein, dass ich mir, nach ersten beruflichen Erfahrungen in diesem Bereich, in meinem Aufbaustudium an der Universitiy of Maine (Schwerpunkte Marketing, regionale Fremdenverkehrsplanung und Tourismusmanagement) spezifisches Know-how angeeignet und neue, hierzulande noch nicht praktizierte Prozessansätze kennen gelernt habe, die ich gerne in die Praxis mit einbringen würde.

Gern komme ich für ein erstes Kennenlernen zu Ihnen nach Hamburg. Rufen Sie mich einfach an, unter der angegebenen Telefonnummer bzw. E-Mail-Adresse bin ich problemlos zu erreichen.

Ich freue mich sehr, von Ihnen zu hören.

Mit freundlichen Grüßen

Anna Achtersteven

Anlagen

Zum Beispiel: Praktikum in der Öffentlichkeitsarbeit einer gemeinnützigen Organisation

PROFIL Ute Ullstein, 20

Ute ist ausgesprochen kontaktfreudig, arbeitet gern im Team und das Schreiben fällt ihr leicht. Die besten Voraussetzungen, um im Bereich Öffentlichkeitsarbeit zu arbeiten. Durch familiäre Hintergründe hat sie schon ein wenig in diesen Bereich hineingeschnuppert: Ihre Cousine macht die Presse- und Öffentlichkeitsarbeit für eine Firma, die Haushaltsgeräte herstellt und Ute fragt ihr Löcher in den Bauch. Doch sie kommt bald dahinter, dass es ihr zu wenig wäre, die eigene Tätigkeit, so wie ihre Cousine, hauptsächlich als Marketinginstrument für bestimmte Produkte einzusetzen. Sie selbst möchte mit ihrem Beruf auch eine sinnvolle inhaltliche Aufgabe verbinden. In ihrer Heimatstadt Hinterwald hat sie als aktives Mitglied die Ortsgruppe von „Pressefreiheit International e. V." ehrenamtlich unterstützt. Als länderübergreifender gemeinnütziger Verein verfügt natürlich auch die deutsche Geschäftsstelle über eine eigene Abteilung für Öffentlichkeitsarbeit. Ute recherchiert auf der Website von Pressefreiheit International und findet heraus, dass unter anderem auch in diesem Bereich Praktikumsplätze angeboten werden. Ein konkreter Ansprechpartner in der Geschäftsführung ist dort allerdings nicht genannt. Ute nutzt die Gelegenheit zu einem ersten telefonischen Kontakt, um diesen zu ermitteln. Auf den nächsten Seiten folgt die Ausschreibung des Vereins und Utes Bewerbungsanschreiben.

Pressefreiheit International e. V.
Praktikum Öffentlichkeitsarbeit

1. – Bereich Kampagnen, Werbung und Fundraising

Voraussetzungen: Erfahrungen im Bereich Öffentlichkeitsarbeit und/oder im Bereich Finanzbeschaffung. Das Praktikum kann auch im Rahmen einer Aus- bzw. Weiterbildung im Public-Relations-Bereich absolviert werden.
Aufgaben: Mitarbeit bei laufenden Aktionen und Kampagnen und/oder in den Bereichen Unterstützerwerbung, Finanzbeschaffung und allgemeine Öffentlichkeitsarbeit.
Mindestdauer: Sechs Wochen
Dienstort: Bundesgeschäftsstelle (Sektionsbüro) von Pressefreiheit International e. V. in Rummeln

2. – Bereich Presse

Bevorzugt werden StudentInnen der journalistischen Fachrichtung oder BewerberInnen (Deutsch als Muttersprache), die über vergleichbare Erfahrungen im Journalismus bzw. in der Öffentlichkeitsarbeit (z. B. Praktikum in einer Redaktion oder Pressestelle) verfügen. Voraussetzung sind außerdem gute Englischkenntnisse.
Aufgaben:

- Redaktionelle Mitarbeit beim Magazin „Freies Presse-Journal"
- Tägliche Presseauswertung und Betreuung des Pressearchivs
- Übersetzen englischsprachiger Pressemitteilungen
- Bearbeitung und Beantwortung von Medienanfragen
- Vorbereitung und Begleitung größerer Ereignisse (Pressekonferenzen, Kampagnen, Tagungen)
- Recherchen zu bestimmten Menschenrechtsthemen

Mindestdauer: Sechs Wochen
Dienstort: Bundesgeschäftsstelle (Sektionsbüro) von Pressefreiheit International e. V in Rummeln

Bewerbungsmodalität:

Falls Sie Interesse an einem Praktikum bei Pressefreiheit International e. V. haben, bitten wir Sie, um aussagefähige Bewerbungsunterlagen zu Ihrer Person an die Bundesgeschäftsstelle in Rummeln.

Ihre Bewerbung richten Sie bitte an:

Pressefreiheit International e. V., Sektion Deutschland
Geschäftsführung
53108 Rummeln
Telefon: 09 98/6 65 73-0 – Telefax: 09 98/6 65 73-10
E-Mail: info@pressefreiheit.de

Ute Ullstein
Fichtenstr. 88
13554 Berlin

Pressefreiheit International e. V. –
Sektion Deutschland
Geschäftsführung
Herrn Ralf Ranke

55899 Rummeln

Berlin, 12.12.2002

Bewerbung um ein Praktikum im Bereich „Presse“

Sehr geehrter Herr Ranke,

im Hinblick auf meine angestrebte journalistische Laufbahn interessiere ich mich sehr für die Arbeit Ihrer Abteilung Öffentlichkeitsarbeit und bewerbe mich für ein Praktikum im Bereich „Pressearbeit“.

Seit 1997 bin ich Mitglied von Pressefreiheit International und war bis zur Aufnahme meines Studiums der Publizistik- und Kommunikationswissenschaft an der FU in Berlin aktiv in der Ortsgruppe Hinterwald tätig. Die Aufgaben und Ziele Ihrer Organisation sind mir also bereits vertraut.

Durch einen halbjährigen Au-pair-Aufenthalt in London verfüge ich über sehr gute Englischkenntnisse. Ich beabsichtige, mein Studium im Sommer 2003 abzuschließen und kann Ihnen bis dahin im Zeitraum der Semesterferien (Mitte Februar bis Mitte April bzw. Mitte Juli bis Mitte Oktober) wahlweise zur Verfügung stehen. Sollten Sie noch längerfristiger planen, käme für mich auch ein Zeitraum nach 2003 infrage.

Für ein Vorstellungsgespräch komme ich jederzeit gern zu Ihnen. Ich freue mich auf Ihre Einladung.

Mit freundlichen Grüßen

Die Initiativbewerbung

Zum Beispiel: Ausbildung zur Gärtnerin

PROFIL Katja Klatschmohn, 16

Stiefmütterchen, Schneeglöckchen, Schnittlauch – nichts versetzt Katja Klatschmohn so sehr in Entzücken wie prächtig gedeihende Nutz- und Zierpflanzen. Schon als Kind destillierte sie „Parfüm" aus abgefallenen Rosenblättern, flocht Blumenkränze aus Gänseblümchen und startete eine Testreihe, ob die Himbeeren in Opas Garten mit oder ohne Würmer schmackhafter sind.

Von ihren Eltern hat sie ihren „grünen Daumen" offenbar nicht geerbt, denn Vater Klaus (Schlosser) und Mutter Elsbeth (Sekretärin) haben mit Grünstängeln nichts im Sinn. Wohl aber Tante Jasmin und die ist sogar Floristin mit einem eigenen Blumengeschäft. Klar, dass Katja in den Schulferien dort zu finden ist. Doch eigentlich will sie in ihrem eigenen Beruf mehr als geschmackvolle Sträuße und gediegene Gestecke zusammenzustellen. Kultivierung von Pflanzen wird ihr Steckenpferd und als Berufswunsch kommt nur Gärtnerin infrage. In ihrer Heimatstadt Waldrebe gibt es einige Gärtnereien, die Auszubildende einstellen. Katja wählt die Gärtnerei Sonnenkind aus, von der auch ihre Tante Blumen bezieht und die als größte Gärtnerei in Waldrebe jährlich zwei Auszubildende einstellt, wie Katja pfiffig recherchiert hat – denn der Neffe des Nachbarn ihrer Oma kennt jemand, dessen Ex-Frau dort gearbeitet hat. Aber das führt jetzt vielleicht doch zu weit ...

Katja Klatschmohn
Rizinusstr. 24
878787 Waldrebe
Tel.: 0 76 45/9 82

Gärtnerei Sonnenkind
Herrn Stefan Steckling
Wachsblumenweg 3

879965 Waldrebe

Waldrebe, 14.01.2002

Bewerbung um einen Ausbildungsplatz als Gärtnerin

Sehr geehrter Herr Steckling,

da ich mich sehr für die Gärtnereibetriebe in Waldrebe interessiere, ist mir bekannt, dass Sie in jedem Jahr zwei neue Lehrlinge im Bereich Gärtnerei/ Floristik einstellen. Hiermit bewerbe ich mich für einen dieser Ausbildungsplätze bei Ihnen.

Schon lange ist es mein Ziel, Gärtnerin zu werden und damit mein Hobby und meine Leidenschaft zum Beruf zu machen. Im Floristik-Fachgeschäft „Jasmin", das meiner Tante gehört, helfe ich regelmäßig in den Ferien aus und habe dort schon eine Menge über Pflanzen gelernt. Mein besonderes Interesse gilt der Kultivierung seltener Rosenarten, die ich im Garten meiner Eltern auf Hochstämmchen veredele.

Zurzeit besuche ich die neunte Klasse der Albert-Einstein-Schule und werde im Sommer dieses Jahres meinen Hauptschulabschluss machen. In unserer Schule wird eine AG „Der grüne Schulhof" angeboten, in der ich seit einem Jahr begeistert mitarbeite.

Ich freue mich, wenn Sie meine Bewerbung berücksichtigen und mich zu einem Vorstellungsgespräch einladen.

Mit freundlichen Grüßen

Anlage
Bewerbungsunterlagen

PROFIL Ulla Unstet, 24

Gut, dass wir in diesem Buch keine Lebensläufe abdrucken! Denn der von Ulla Unstet ist wirklich das pure Chaos. Nach dem Abi weiß sie erst einmal nicht, was sie machen soll – okay, das geht den meisten Leuten so. Bei ihr wird sich dieser Zustand aber bis ins Rentenalter fortsetzen – so sieht's jedenfalls im Moment aus! Wie geht's also weiter in Ullas Leben? Der traurige Versuch eines Studiums: zwei Semester studiert, abgebrochen. Ulla entdeckt ihre Liebe zum Theater, sie will dabei sein, hinter die Kulissen schauen. Und verschwindet für zwei Jahre als Regie-Assistentin hinter dicken Theatermauern. Danach fällt es ihr schwer, sich wieder ins „normale" Leben einzufügen.

Im Lebenslauf folgen nun diverse bunte Etappen in der Medienbranche: Sie jobbt bei einem Fernsehsender im Event-Marketing, macht Pressearbeit für Theaterfestivals und Fernsehserien ... Nach fünf Jahren Berufstätigkeit hat sie ihren Traumjob noch immer nicht gefunden. Tja, Ulla hat es wirklich nicht leicht: Sie hat kein abgeschlossenes Studium, sucht einen abwechslungsreichen Job im Kultur- oder Medienbereich, möchte aber trotzdem nicht rund um die Uhr arbeiten, sondern genug Zeit für ihren Freund und ihre zeitaufwendigen Hobbys (Segeln und Reisen) haben. Die Quadratur des Kreises?! Ulla hält die Augen offen und entdeckt eines Tages unter **www.arbeitsamt.de** folgendes Stellenangebot – die geniale Verbindung von öffentlichem Dienst und Kulturarbeit: ein Museum der Deutschen Post!

Stellen-Informations-Service des Arbeitsamtes

Angebotsseite:	**Pressereferent/in (BKZ: 8214)**
Stellenbeschreibung	
Beschreibung	Medienarbeit; Mitarbeit an der PR-Konzeption u. deren Realisierung, Werbemaßnahmen, Mitwirkung bei Druckerzeugnissen, Betreuung von Veranstaltungen
Kenntnisse	Erfahrung in einer Presseabteilung bzw. Pressestelle; professionelle Schreibe; PC; Internet; gute Englischkenntnisse
Betriebsart	Museum
Arbeitsort	Freistempelheim
Arbeitszeit	Vollzeit
Gehalt/Lohn	BAT III
Frei ab	sofort
Befristet	nein
Alter	egal
Arbeitgeber	Museum
Rückfragen an	Patrizia Porto
Telefon	Nur schriftliche Bewerbung

Ulla Unstet
Faselsteig 31
66778 Sabbelbrunn
Tel.: 0 55-7 65 43
E-Mail: Ulla.Unstet@labernet.de

Museum für Kommunikation
Frau Patrizia Porto
Posthornsteig 80

33554 Freistempelheim

Sabbelbrunn, 24.02.2002

Ihr Stellenangebot vom 21.02.2002: Pressereferent/in

Sehr geehrte Frau Porto,

im Online-Stellenmarkt des Arbeitsamtes habe ich Ihr Stellenangebot gelesen und bewerbe mich als Pressereferentin bei Ihnen.

Ich möchte meine Kenntnisse in der Pressearbeit weiterhin sinnvoll einsetzen und mich in der intensiven Auseinandersetzung mit dem Thema „Kommunikation“ einer inhaltlich reizvollen Aufgabe stellen.

Als Mitarbeiterin für Presse- und Öffentlichkeitsarbeit bei „Theater mit Herz“, dem größten internationalen Theaterfestival in Deutschland, und als Leiterin der Berliner Filiale eines Medienbüros zur Pressebetreuung verschiedener Fernsehspiele und -serien habe ich komplexe Erfahrungen in der Medienarbeit gesammelt. Diese umfasste alle Arbeitsschritte von der Mitarbeit am PR-Konzept bis hin zur eigenverantwortlichen Umsetzung.

Meine besondere Stärke liegt im effizienten Erstellen von Texten. Darüber hinaus konnte ich mir am Theater und in meinen verschiedenen Tätigkeiten in der Fernsehbranche umfassende organisatorische Fähigkeiten aneignen. Ich habe viel Freude am Umgang mit Menschen, eine gute, konstruktive Arbeit im Team ist mir ausgesprochen wichtig.

Über eine Einladung zu einem Vorstellungsgespräch freue ich mich sehr.

Mit freundlichen Grüßen

Ulla Unstet

Anlagen
Bewerbungsunterlagen

Na, du hast es dir sicher schon gedacht! Im öffentlichen Dienst hat unsere Ulla Unstet natürlich nicht die geringste Chance. Und das liegt nicht an ihrem Bewerbungsanschreiben, das sehr geschickt ihre Schwerpunkte – Textarbeit und Organisation – in den Vordergrund rückt, so als hätte sie nie was anderes gemacht. Nein, das Problem liegt in ihrem bunt gescheckten Werdegang und fehlenden Studienabschluss begraben. Das bedeutet: Bewerbungen auf Stellenanzeigen im Kulturbereich kann sie sich eigentlich sparen, denn bei einigen hundert Bewerbungen, die auf ein solches Angebot schnell mal eingehen, wird zunächst auf die Erfüllung formaler Kriterien geachtet. In Ullas Fall: Ohne Studium keine Schnitte!
Sie muss also andere Wege gehen, um an die begehrten Pressejobs heranzukommen und sich dabei eher auf eine weniger altmodische und schwerfällige Branche konzentrieren. Für sie heißt das Zauberwort: Agenturen – von jungen, unkonventionellen Leuten bevölkert, die auch noch meist selbst Quereinsteiger sind, und eher auf das schauen, was ein Bewerber an Talenten und Einsatzbereitschaft mitbringt, als auf formale Voraussetzungen auf dem Papier.
„Andere Wege gehen" bedeutet in Ullas Fall auch, sich umzuhören, Kontakte zu knüpfen, initiativ zu werden. Und damit hat sie schon bald Erfolg. Sie hört über eine Freundin von einer Agentur, die Projekte im Bereich Architektur und bildende Kunst entwickelt und vermarktet. Gesucht wird dort ebenfalls ein Pressemitarbeiter, allerdings erst zum Sommer. Ulla telefoniert ausführlich mit einem der Geschäftsführer, Herrn Piepgras, und macht einen positiven Eindruck auf ihn. Erst anschließend schickt sie ihre Unterlagen – in ihrem Fall der viel bessere Weg. Ihr neues Begleitschreiben ist – denn hier war ja auch Vitamin B im Spiel – viel persönlicher gehalten, außerdem hatte sie den Empfänger ja schon ausführlich am Telefon kennen gelernt.

Ulla Unstet
Faselsteig 31
66778 Sabbelbrunn
Tel.: 0 55-7 65 43
E-Mail: Ulla.Unstet@labernet.de

ARCHE NOVA
Gesellschaft für Kommunikation,
Kunst & Kultur mbH
Herrn Peter Piepgras
Heuwagenstr. 23 a

67877 Mähdresch

Sabbelbrunn, 16.4.2002

Unser Telefonat vom 12. April 2002: Meine Bewerbung als PR-Referentin

Lieber Herr Piepgras,

zunächst danke für das nette und sehr informative Gespräch letzte Woche!

Ihre Beschreibungen klangen sehr interessant, vor allem natürlich die Perspektive, ab Sommer auch Projekte aus dem Bereich „Darstellende Künste“ anzugehen.
Wie schon erwähnt, ist das mein Gebiet: Während „Theater mit Herz“ und meiner Pressearbeit im Fernsehbereich habe ich gute Kontakte zu den maßgeblichen Journalisten aus Feuilleton- und Lokalredaktionen der Printmedien sowie der Radio- und Fernsehsender aufgebaut.

Ihre Idee, unser weiteres Kennenlernen auf Mai zu vertagen, kommt mir ebenfalls entgegen. Vorab aber schon mal – wie versprochen – meine Bewerbungsunterlagen mit einigen Arbeitsproben.

Ich werde ganz sicher die Augen und Ohren offen halten, was sich bei Ihnen in der Zwischenzeit ergibt und drücke die Daumen, dass Sie mit Ihren Projekten erfolgreich sind!

Mit herzlichen Grüßen aus Sabbelbrunn

Ulla Unstet

Anlagen

PROFIL Tanja Testbild, 24

Glamour und Promis – das war immer schon Tanjas Welt. Als Teenie ist sie regelmäßig die Erste in der Klasse, die die neue Bravo am Kiosk ergattert und gierig die Neuigkeiten über „ihre" Boy-Groups verschlingt. Kein Rockkonzert in Bad Reichweite findet ohne sie statt. Je größer das Event und je mehr Fernsehteams vor Ort, desto größer ihre Begeisterung. Deshalb steht schon sehr früh für sie fest: Sie will Bands managen, Konzerte und Events organisieren, mit den Stars auf Du und Du sein oder zum Fernsehen.

Doch ihre Eltern reden auch noch ein Wörtchen mit und dieses Wörtchen heißt ungefähr so viel wie: „Du lernst gefälligst was Anständiges!" Tanja fügt sich in ihr Schicksal und macht eine Ausbildung zur staatlich geprüften Wirtschaftskorrespondentin. Durch Freunde bekommt sie einen ersten Job an der Uni: In einem EU-Forschungsobjekt für computerbasiertes Lernen übersetzt sie Fachtexte aus dem Englischen und schmeißt das Sekretariat. Von dort aus wechselt sie ins Sekretariat der Presseabteilung eines privaten TV-Senders und hat es geschafft: Ein paar kleine Umwege und sie ist doch beim Fernsehen gelandet!

Hier entdeckt sie allerdings eine andere Abteilung, die sofort ihr Herz höher schlagen lässt: das Event-Marketing. Wer wirklich was will, der kriegt es auch! Bereits nach einem halben Jahr wechselt sie als Projekt-Assistentin in diesen Bereich und wird nach zwei Jahren zur Event-Managerin befördert.

In einer Zeitschrift der Werbebranche liest sie dann von einer international arbeitenden Cross-Media-Agentur, die sehr erfolgreich alte und neue Medien in vernetzte Kommunikationsstrategien einbindet. Von der klassischen Pressearbeit über Promotion-Aktionen bis zum Internetauftritt: Hier könnte sich die kreative Tanja so richtig austoben. Sie beschließt auf der Stelle eine Initiativbewerbung zu verfassen ...

Tanja Testbild
Zielgruppensteig 3d
99977 Bad Reichweite
Tel.: 06654-55543
E-Mail: T.Testbild@iworld.de

PROMOCOM
Communication & Consulting GmbH
Frau Ines Ideenreich
Am Aufstieg 23

55566 Loftstadt

Bad Reichweite, 12.01.2002

Initiativbewerbung

Sehr geehrte Frau Ideenreich,

mit großem Interesse habe ich in der aktuellen Ausgabe der *W&V* den Artikel über den Börsengang von PROMOCOM gelesen. Im Hinblick auf die weitere Expansion Ihres Unternehmens schreibe ich Ihnen, um Ihnen meine Mitarbeit als Projektmanagerin anzubieten.

Als Event-Managerin bei KNALL TV habe ich intensive Erfahrungen in der Projektarbeit gesammelt, die alle Arbeitsschritte von der Konzeption bis zur eigenverantwortlichen Umsetzung umfassten.

Klassische PR- und Marketing-Strategien gehören ebenso zu meinen Fähigkeiten wie die Planung und Durchführung von Promotion-Aktionen und Crossmedia-Strategien. Für eine Tätigkeit auf internationalem Sektor bin ich zudem durch meine Sprachkenntnisse – ich beherrsche Englisch und Französisch perfekt in Wort und Schrift – prädestiniert.

In der Anlage finden Sie meinen Lebenslauf und ein persönliches Profil. Sollten Sie Interesse haben, mich näher kennen zu lernen, schicke ich Ihnen gern meine kompletten Bewerbungsunterlagen.

Natürlich freue ich mich auch sehr, Sie in einem persönlichen Gespräch von meinen Fähigkeiten überzeugen zu können.

Mit freundlichen Grüßen

Tanja Testbild

Anlagen

PROFIL Jeannette Jetlack, 27

Jeannette Jetlack lebt aus dem Koffer. Sie kennt jede Toilette auf Europas Flughäfen, sie hat „Senior"-Status bei Lufthansa und durfte sogar schon mal ins Cockpit – beim nächtlichen Landeanflug auf Manhattan!

Ihr Freund und ihre kümmerlichen Topfpflanzen lechzen nach ihr wie Verdurstende nach einem Schluck Wasser (die Topfpflanzen übrigens ganz wörtlich genommen!). Aber keine Chance: Jeannette Jetlack ist eine erfolgreiche junge Unternehmensberaterin, oder, wie es neudeutsch so treffend heißt: „Business Consultant" in der Telekommunikationsbranche, und die arbeitet – wie man ja weiß – international. Doch überdurchschnittliche Verdienstmöglichkeiten und die abwechslungsreiche Tätigkeit für verschiedene Kunden entschädigen Jeannette für die Entbehrungen.

Und Jeannettes Werdegang liest sich wirklich beeindruckend: Abitur, Studium der Betriebwirtschaftslehre mit Diplom, dann geht es bei Beratungsfirmen im Telekommunikationsbereich Treppchen für Treppchen hoch auf der Karriereleiter: Zunächst als Assistentin der Geschäftsführung, dann als Beraterin. Hut ab! Jeannette weiß, was sie will. Und das bedeutet im Moment: Senior-Beraterin werden.

Auf der „CeBIT", der größten Kontaktmesse der IT-Branche, hört sie sich um und spricht direkt am Messestand der Telefon Solution GmbH, einem Konkurrenz-Beratungsunternehmen für Telekommunikationsdienstleister, mit dem interessierten Mitarbeiter Max Mobilmeier. Dieser empfiehlt ihr, ihre Unterlagen an Personalboss Hans Handyflut, zu schicken. Sehen wir uns an, wie Jeannettes Initiativbewerbung aussieht:

Jeannette Jetlack · Spritzgebäckweg 3 · 67833 Bad Heimatlos · Tel.: 0 31/27 18

Telefon Solution GmbH
Bereich Personal und Organisation
Herrn Hans Handyflut
Schnurlosstr. 55

20097 Quasselsheim

Bad Heimatlos, den 09.04.2002

Initiativbewerbung als Senior Consultant

Sehr geehrter Herr Handyflut,

nachdem ich letzte Woche Ihren Mitarbeiter Herrn Mobilheimer auf der CeBIT kennen gelernt habe, bin ich überzeugt, eine gute Ergänzung und Bereicherung Ihres Teams zu sein: Wie er mir schilderte, haben Sie Bedarf an Senior Consultants.

Während meiner derzeitigen Berater-Tätigkeit habe ich umfassendes Wissen in der Telekommunikation gesammelt. Mein Aufgabenschwerpunkt lag in der organisatorischen Unterstützung bei der Einführung von CRM-Software (Clarify, Siebel, Vantive) für Mobilfunk-Netzbetreiber.

Zurzeit bin ich als Business Consultant in einer Unternehmensberatung verantwortlich für die Geschäftsprozessoptimierung im Bereich Customer Relationship Management. Themen wie Kundenorientierung, Qualitäts- und Projektmanagement runden mein Wissensspektrum ab.

Auf der Suche nach neuen Herausforderungen würde ich gerne in einem innovativen und zukunftsorientierten Unternehmen arbeiten und meiner Karriere einen neuen Schub verleihen.

Ich möchte Sie gern in einem persönlichen Gespräch von meinen Fähigkeiten überzeugen und freue mich auf eine Einladung.

Mit freundlichen Grüßen

Jeannette Jetlack

Anlagen

PROFIL Nina Nervenblank, 25

Reif für die Insel – eine ziemlich radikale Veränderung ihres Lebens, die sich Nina da vorgenommen hat! Aber sie ist fest entschlossen: Raus aus Stressstadt und mit Tochter Carla rauf auf die kleine Insel Sültrup in der Nordsee. Ja, warum das denn, wirst du dich fragen! Da gibt es doch nichts außer Meer, Watt, ein paar Kneipen, Ostfriesen-Tee, kauzigen Insulanern, langen, grauen Wintern ...

Eben darum! Sagt Nina und freut sich schon auf einsame Strandspaziergänge. Niemand weit und breit, außer einem Krabbenkutter am Horizont ... Watt?! Das findest du jetzt doch ein bisschen kitschig? Hört sich an wie die Jever-Pils-Werbung? Spaßverderber! Nina jedenfalls hat die Nase voll von Verkehr, Lärm und Baustellen. Ihre Arbeitsstelle in Stressstadt will sie natürlich erst aufgeben, wenn es sicher ist, dass sie auf der Insel Sültrup – am liebsten in der Kurverwaltung – eine Anstellung findet. Denn als allein erziehende Mutter muss sie dafür sorgen, dass jeden Monat die Kasse stimmt.

Zum Glück ist Nina ein Organisationstalent, was sie auch in ihren diversen Jobs bewiesen hat. Nach dem Studium der Erziehungswissenschaft mit Schwerpunkt Sozialpädagogik arbeitet sie als Sekretärin und als Assistentin der Geschäftsführung bei der Telefonseelsorge.

Diplomatisch und geschickt fädelt sie ihre Initiativbewerbung bei der Kurverwaltung von Sültrup ein: Bei ihren häufigen Kurzurlauben lernt sie Insulaner kennen, hört sich um, knüpft Kontakte. Und ruft auch ganz frech in der Kurverwaltung an, ob sie vorbeikommen darf, um sich im Hinblick auf eine eventuelle Mitarbeit mal vorzustellen. Ihr Wunschbereich: Tourismus, Information, Reservierung und Buchung. Das Gespräch verläuft sehr gut: Nina kann überzeugend darlegen, dass sie sich wunderbar ins Inseldasein einfügen würde, dass sie sehr gut qualifiziert und hoch motiviert ist. Anschließend schickt sie ihre Bewerbungsunterlagen, gemeinsam mit einem Anschreiben, in dem sie sich bereits auf das vorangegangene Gespräch beziehen kann ...

Nina Nervenblank
Flughafenstr.213
12334 Stressstadt
Tel: 0 11/2 23 34 56
E-Mail: nerven@freenet.de

Kurverwaltung Sültrup
Frau Hilke Hallig
Postfach 1243

43221 Insel Sültrup

Stressstadt, 20. März 2002

Projekt „Insulanerin" – Initiativbewerbung

Sehr geehrte Frau Hallig,

heute habe ich kurz bei Ihnen reinschauen dürfen – vielen Dank, dass Sie sich die Zeit genommen haben. Unser Gespräch und die freundliche, offene Atmosphäre in Ihrem Haus haben mir sehr gut gefallen.

Anbei also meine Bewerbungsmappe, aus der Sie entnehmen können, was ich in den letzten Jahren beruflich gemacht habe. Meine Lieblingsfotografin ist zurzeit im Urlaub – Foto wird also nachgereicht.

Vielleicht ergibt sich in der Kurverwaltung eine Einsatzmöglichkeit, wobei ich mir sehr gut vorstellen kann, im Bereich des direkten Touristenkontaktes zu arbeiten, z. B. an einem der Informationspunkte. Selbstverständlich ist auch ein Aufgabensplitting in Verwaltung und Kundenkontakt etc. möglich. Ich bin sehr flexibel, was die Übernahme verschiedener Inhalte anbelangt, da ich immer sehr unterschiedliche Arbeitsaufgaben wahrgenommen habe.

Ich würde mich über eine Rückmeldung Ihrerseits sehr freuen, wenn Sie eine Einsatzchance für mich sehen.

Mit freundlichen Grüßen aus Stressstadt

Nina Nervenblank

Anlagen

I don't like

... dein Briefkasten bleibt leer?

Da hast du dir die größte Mühe gegeben, recherchiert, formuliert, gefeilt, gebastelt ... Gewartet! Wochenlang dem Briefträger tief in die Augen gesehen – aber nichts! Keine Chance, kein Glück, kein Antwortbrief?! Das ist nicht nett! Was jetzt? Resignieren? Pizza ausfahren?

mondays

Thema: Nachhaken

Dass du aber auch gleich immer alles so schwarz sehen musst! Wie wär's denn, wenn du die Gelegenheit nutzt, wieder aktiv zu werden? Ja, genau, das meinen wir auch: Du rufst einfach noch mal an und fragst nach, wie der Stand der Dinge ist.

Wann ist Nachhaken sinnvoll?

Als Faustregel kann man sagen: Wenn du zwei bis drei Wochen nachdem deine Bewerbung eingegangen ist, noch nichts gehört hast, solltest du anrufen.

Dabei spielt es keine Rolle, ob du dich auf eine Anzeige, online, oder initiativ beworben hast.

Aber Achtung! Wie für alle Telefonate im Zusammenhang mit Bewerbungen gilt auch hier: Du musst äußerst charmant und höflich sein! Du bist die Mensch gewordene Geduld. Niemals schleicht sich in deine Stimme ein drängelnder oder unzufriedener Unterton ein! Und:

Bereite dich gut vor

Das heißt konkret: Überleg dir vorher genau, was du eigentlich fragen willst.

Ein paar Beispiele

- Ist deine Bewerbung gut angekommen?
- Wie ist der Stand der Dinge? (Hier kannst du vielleicht etwas über die „Runde“ erfahren, die das Bewerbungsverfahren gerade durchläuft und ob du überhaupt noch „im Rennen“ bist.)
- Wann kannst du mit einer Nachricht rechnen? (Wie ist der Zeitplan des Unternehmens? In welchem Zeitraum finden Vorstellungsgespräche statt etc.)

Noch mal Achtung!! Sei immer darauf vorbereitet, eventuell weiterverbunden und plötzlich in ein telefonisches Vorstellungsgespräch verwickelt zu werden, wenn der Chef persönlich an der Strippe ist und gerade zu viel Zeit hat!

So! Schluss, aus! Das war's von unserer Seite! Bravo, dass du so tapfer durchgehalten hast. Wir hoffen, dass du nun Bewerbungsbriefe schreibst wie ein Weltmeister (oder zumindest wie Flipper!) und voller Optimismus und Erfolg deine Bewerbungsphase absolvierst.
Unser wichtigster Tipp in diesem Buch heißt jedenfalls immer wieder: Bleib dran, gib nicht auf, auch wenn's nicht gleich beim ersten Mal klappt!
Auf deine Fantasie, auf deinen Einfallsreichtum kommt es an. Geh unkonventionelle Wege, schwimm gegen den Strom! Nur dann wird man auf dich aufmerksam. Geh auf Leute zu. Rede mit Hinz und Kunz, sammle neue Ideen.
Kurz: Zeig Eigeninitiative. Du wirst erstaunt sein, welche Chancen sich plötzlich auftun!
Und dann nutze sie! Der erste Schritt ist ein gelungener Bewerbungsbrief ...

Dank

An dieser Stelle möchte ich mich ganz herzlich bei allen bedanken, die mich bei der Erstellung des Buches tatkräftig unterstützt haben.

Mein ganz besonderer Dank gilt Susanne Kliem, ohne deren spritzige Ideen dieses Buch nicht zustande gekommen wäre.

Wenn du weitere Informationen zum Thema Bewerbung haben möchtest oder du dich für eine persönliche Berufsberatung interessierst, dann kannst du dich direkt an mich und mein Team wenden:

[beruf + konzept]

Telefon: 0 30 / 85 07 76 56
Fax: 0 30 / 85 07 76 57
E-Mail: miss@beruf-konzept.de
Homepage: **http://www.beruf-konzept.de**

Informatives rund um das Thema Job und Bewerbung findest du auch in der monatlich erscheinenden Zeitschrift Brigitte YOUNG MISS und auf ihrer Website **http://www.youngmiss.de**.

Sabine Hertwig

Register